声優、東大に行く

仕事をしながら独学で合格した2年間の勉強術

佐々木望
Nozomu SASAKI

KADOKAWA

PROLOGUE

PROLOGUE

東大合格発表の日。

絶対に受かっていないと思っていた私は、わざわざキャンパスの掲示板を見に行くつもりもなく、でもネットで不合格を確認する気にもなれず、家でうだうだしていた。

でも、気になるのは気になる。ずっと見ないわけにもいかないし。

ええい、ぱっと見てぱっと終わらせよう。

午後遅くになって、東大のウェブサイトを開いた。

私の番号が載っていた。


えっまさかまさか、そんなはずはない。

そんなはずない。


うれしいとか感動とかいう気持ちはなかった。

なにかの間違いではと思った。

去年の合格者リストがうっかり出てしまったとか、本当はひとつ前の人が合格したのに番号がずれて表示されたとか。

こうなったらもう、東大に行って本物の掲示を確かめるしかない！

私は急いで本郷《ほんごう》キャンパスに向かった。少し動悸《どうき》が速くなった気がした。


着いた頃にはもう夕方で、掲示板の前には誰ひとりいなかった。数時間前までは、よくニュース映像で見るように受験生や報道の人々で賑《にぎ》わっていたのだろう。

自分の受験番号がたしかにあるのを見ても、合格した実感がわいてこない。

これから本当に仕事しながら東大に通えるんだろうか。

そんなことをして、いろいろ大丈夫なんだろうか。

ぼんやりと掲示板を眺めていた。


はっ胴上げ。

私は誰かに胴上げをしてほしいと思った。とりあえず胴上げをしてもらったら合格の実感がわいてくるかもしれないから。

周りを探してみたが、胴上げしてくれそうな人は見つからなかった。そもそも人がいなかった。昼間だったら東大運動部の学生さんたちがしてくれたかもしれないのに。もっと早く来ればよかった。ていうかそんなに胴上げしてもらいたいのなら、来年の合格発表の日に掲示板の前に来て「やったー！」などと叫べばいい。合格者だと思われて胴上げしてもらえるかもしれないから。んなあほな。

掲示板の前からはなんとなく離れがたかったが、暗くなってきたのでキャンパスを後にした。

合格したことを人々に知らせないと。

仕事先のかたがたの顔が浮かんでくる。受験のことも知らせてないしどう話せば。

とりあえず母に言おう。

本郷通りを歩きながら母に電話をした。

電話の向こうから複数の人の喚声と笑い声がけたたましく響いてくる。

そういえば今日はバス旅行に行くと言っていた。

私：あのねー東大。
（複数の人の喚声と笑い声）
母：ええー聞こえないー。
私：東大。とーうーだーい。
（複数の人の喚声と笑い声）
母：ええー。
私：大学。とーうだい。受かっった。
（複数の人の喚声と笑い声）
母：ええー聞こえないー。
私：東大に、とーーうーだーーいーにーー、うかっっっっっった。
（複数の人の喚声と笑い声）
母：わははははは。ウソ言いんさい。

母は電話を切った。
私は、東大生になった。

こんにちは。声優の佐々木《ささき》望《のぞむ》です。

この本に興味をもってくださってありがとうございます。

声優の仕事を始めて今年で37年になります。キャリアの長さではベテランの枠に入りましたが、もとは演技の経験もなかった私が声の仕事をここまで続けられたのは、ひとえに周りのかたがたの応援やお引き立て、時代の運やタイミングのおかげです。

自分自身は、人生の計画性もなく、長期の展望ももたず、流れのままに（行き当たりばったり、とも言いますね……）ふわふわ動いてきたように思います。

40代後半になってから、わりと突然に東京大学を受験して合格し、仕事を続けながら通学して卒業したのも、その流れのままに動いた過程と結果でした。

幼少期に特別な教育を受けたこともなく、学生時代にがりがり勉強していたわけでもなく、声優になってからひそかに大学を目指してきたというわけでもありません。性格も、「真面目だね」「ストイックですね」と言っていただくことがありますが、それはおそらくそれっぽい顔をして黙っているからそう見えるだけで、本当はひと知れぬ怠惰を重ねてきました。

そんな私がどうして東大に行こうと思ったのか、ひとりでどんな受験勉強をしたのか、仕事をしながらどう時間を使っていったのかを振り返って、この本を書きました。

私の勉強方法や時間の使い方、それらに対する考え方が、大学受験のみならず、目標に向かって勉強されているかたに、ほんの少しでも足しになりましたら幸いです。そして、勉強に限らず、なにかに挑戦しているかた、挑戦しようかなと思っているかた、いや自分はなんにもしたくないよというかたにも。

私が勉強の過程でずっと感じてきたワクワクした気持ちを、この本をご覧くださったみなさんにお届けできるとうれしく思います。

目次

CONTENTS

PROLOGUE 003

CHAPTER 01
ある始まり 021

SECTION 1
そのときそこにいた、という偶然 022
将来の夢なんてない
バイト先で誘われたオーディション
声優の世界に

SECTION 2
声と演技を学び直す 040
声がおかしくなった
発声と演技の勉強
新しい役、新しい演技
He has a trained voice.

SECTION 3
東大受験を思い立つ 058
英語の勉強を始める
ボストン留学体験

Memorandum #1 受験勉強の道のり …… 070
東大受験を決めた日
「いっそ大学」

CHAPTER 02
合格までに必要なもの …… 077

SECTION 1
受験に必要な科目 …… 078
選択科目を決める
英語の受験勉強をしない

SECTION 2
本当に受験できるだろうか …… 086
受験は仕事の邪魔になる？
「24時間役者」

SECTION 3
勉強の「目的」 …… 092
勉強ってなんですか？
「それが役者だよ」

「役に立つ・立たない」という基準
"Connect the dots"

Memorandum #2
東大受験のシステム …… 102
センター試験の「足切り」と「圧縮」〈足切り〉・〈圧縮〉
第一目標は「足切り」回避
センター試験の必要科目
二次試験の必要科目

CHAPTER 03
快適な環境をつくる …… 109

SECTION 1
自分のやり方を見つける …… 110
合格体験記は最高のガイドブック
参考書か？　予備校か？
模試はペースメーカー

SECTION 2
集中できる時間をつくる …… 120
勉強場所ホッピング

SECTION 3 集中できる道具を選ぶ …… 126
◎科目を切り替える
◎椅子と文房具
◎筆記具へのこだわり
◎勝負服

Memorandum #3 模試と講習の記録 …… 134

CHAPTER 04 自分にあった学び方を見つける …… 137

SECTION 1 始めるまでがいちばん大変 …… 138
◎「継続は力なり」の裏側
◎「三日坊主」について思うこと
◎あえての「一日坊主」

SECTION 2 記憶力を発動させる …… 146
◎自分にやさしく

◎記憶の「重ね塗り」
◎「塗り」の補強
◎塗りの補強の一案「確率強化週間」
◎直前のチカラワザ「寸前記憶法」

SECTION 3
考えない勉強……158
◎「自分の頭で考える」？

SECTION 4
未来の自分を信じない……164
◎意志の力なんてない
◎自分への手紙
◎丁寧に引き継ごう

SECTION 5
忘れる。しかしそれでいい……176
◎愛せる勉強
◎プラトーは必要な「溜め」の時期
◎「けろりと忘れてもいい」

Memorandum #4
私の『チボー家の人々』……184

CHAPTER 05
科目別の勉強法 189

SECTION 1
英語 190
ラジオと漫画で培った基礎
英語の勉強、再始動 〈ラジオ講座〉・〈文法〉・〈リスニング〉・〈リーディング〉・〈作文〉

SECTION 2
国語 204
受験科目としての国語
漢字対策で臨んだ現代文
座らずに勉強した古文・漢文
「読み上げ」教材を使うと
解く順番を決めておく

SECTION 3
数学 214
数学への憧れ
数学の勉強方針
1点でもどん欲に取りにいく！

◎問題セットで実戦演習

SECTION 4
社会……224
◎東大の社会科科目
◎教科書の通読にくじける
◎東大日本史の特異な問題群
◎問題作成者の姿勢に呼応する
◎過去問をひたすら読む地理

Memorandum #5
主に使用した参考書……238

CHAPTER 06
入試・合格・東大……241

SECTION 1
社会人受験の実際……242
◎センター試験本番
◎勉強どころではなくなった直前期
◎二次試験を受ける
◎合格発表の日

SECTION 2 東大の授業 256
◎英語の授業と俳優の訓練
◎「本郷で待ってます」
◎勉強したから見えてくる

EPILOGUE 269

SECTION 1 つながってもつながらなくても 270
◎東大と仕事がつながる
◎「知っているだけでいい」

SECTION 2 東大法学部で学んだこと 276
◎知識と経験が結晶化する
◎学んだことにとらわれない

SPECIAL TALK
恩師との対談 予想がつかないから「学ぶ」のは楽しい 283

謝辞 300

装画　永野　護
装幀　長谷川仁（コマンド・ジー・デザイン）

ある始まり

CHAPTER 01

SECTION 1

そのときそこにいた、という偶然

音声外来の診察室。

ファイバースコープの画像に、赤く膨れ上がった肉の塊がぶよん、と写っていました。

拡大された画像だとわかっていても、塊はとてつもなく大きく見えました。

「先生これは」

「これがあなたのいまの声帯です。ここまで腫《は》れるなんて相当ですね」

重度の声帯炎でした。

なにかのきっかけで声帯が炎症をおこしてしまったところに、十分に休ませないまま強く負荷をかけた発声をしたことでさらに腫れが悪化し、その繰り返しでこうなったのだろう、ということでした。

「声優さんですか……。この状態じゃ声出すのは厳しいですね……」

突然に起きた、受け止めるには大きすぎる事態。

これが後に東大受験を志すきっかけにつながっていくとは、このときの私にはまったく想像もできませんでした。

将来の夢なんてない

小学生の頃、私は将来の夢をなにも思いつけない子どもでした。

「大人になったらなにになりたい?」と聞かれても答えられませんでした。

どうしてなにかにならなきゃいけないんだろう。決まりなの?

そう思っていました。

物語を読むのが好きでした。

小説も漫画も。子ども向けの本も大人の本も。

本のなかでストーリーに身をまかせて、その世界に浸っていました。

気に入った物語は何度も何度も読んで、地の文も会話もすべて覚えてしまうほどでした。


アルセーヌ・ルパンにシャーロック・ホームズ。トム・ソーヤーにカッレくん。

怪傑ゾロに007。ジュリアン・ソレルにジャン・バルジャン。

『星の王子さま』の飛行士。

『ライ麦畑でつかまえて』の主人公。

アリョーシャにラスコーリニコフ。坊《ぼ》っちゃんに三四郎《さんしろう》。

火田《ひた》七瀬《ななせ》に黒井《くろい》ミサ。谷口《たにぐち》タカオに山崎銀次郎《やまざきぎんじろう》。


心のなかでは物語の主人公たちと一体化していました。

本を読んでいないときも、いつも頭にあったのはそれまでに味わってきたいくつもの物語のシーンやセリフ。

現実の場面でも、自分自身ではなくフィクションの主人公として、ものを見て考えていたようでした。

授業中も、友だちと話していても、家族といても、目の前にある現実のものごとや人に対しての意識が薄く、どこか心ここにあらずといった感じの子どもでした。

だから、「将来の夢」や「なりたいもの」を聞かれても答えられなかったのです。私がなりたかったのは、「探偵や野球選手やパイロットなどの職業に就いている自分」ではなくて、ルパンや谷口くんやトム・ソーヤーといった物語の主人公たち自身なのですから。そして、頭のなかではすでにいつでも彼らの誰にだってなれていたのですから。

日常でも物語のなかにいた私は、現実の世界への興味が希薄でした。

いまの現実のさらに先にある未来で、大人になった自分を想像することは、私にはなおさら難しいことだったのです。

高校生活の終わりが近づくと、突如、東京に行こうという気持ちが強くなりました。

これも物語の影響です。

片岡義男《かたおかよしお》さんのオートバイ小説を読んで、そこに登場する第三京浜《けいひん》や湾岸道路といった国道を、登場人物たちと同じようにバイクで走ってみたくなったのです。

「将来の夢」というにはあまりにもミーハーで近視眼的です。でも、このとき私は片岡義男さんの小説の主人公たちと心のなかで一体化していました。

自分は片岡義男作品の登場人物なのだから、バイクに乗って第三京浜や湾岸道路を走らなくてはならない。

ほとんどそれだけの理由で、あっさりと東京に行くことを決めてしまいました。

バイクに乗るにはまずバイクがないといけません。早くバイクがほしい。

東京に出てきた私は毎日バイクのことばかり考えて、オートバイ専門誌やバイク漫画の『バリバリ伝説』を読みふけっていました。頭のなかでは、自分は主人公の巨摩《こま》郡《ぐん》になっていたのです。

まだバイクは持ってないけど、「いま、たまたまバイクに乗ってない巨摩郡」という設定にして、ホテルや喫茶店でアルバイトをしながらバイクを買う資金を貯めました。

最初に買ったバイクは「ホンダVT250F」という中型二輪でした。『バリ伝』の巨摩郡が乗る大型二輪CB750Fは買えませんでしたが（同じホンダのバイクなのでそこは設定上OKにしました）、当時限定発売されていた「グンヘル」（巨摩郡がかぶっているヘルメット）のレプリカ版を入手することができました。

これで名実ともに巨摩郡になれて（なれてない！）、そこからはバイトとバイク三昧《ざんまい》の生活でした。

憧《あこが》れ続けてやっと手に入れたバイクでも、運転技術が未熟な（要するに、ヘタな）私は転倒してばかりで、車体も肉体も傷が絶えませんでした。

片岡義男さんの小説の登場人物や『バリ伝』の巨摩郡の颯爽《さっそう》としたライディングとは、イメージに大幅なズレが生じています。周りの人が見かねて「あぶないから乗るのやめたら？」と心配してくださったこともあります。

それでもバイクをやめようとはせず、「普段は華麗なライディングをするが、今日はたまたま転倒してしまった主人公」という設定で、転びながら毎日乗り続けました。

「第三京浜と湾岸道路を走る」という「夢」も、とりあえずは達成できました。

興味が向くものには徹底的に、そのときの自分が使えるだけのリソースを注ぎ込み、夢中になる。

思い返してみると、昔からそういう性格のようです。

バイク以降にもあれこれ熱中してきました。

コンピューターも。ゲームも。

ボイトレも。演技も。

英語も。筋トレも。

そして受験勉強も。東大での勉強も。

周りの目が気になったり、現実的な自分の能力を考えてしまったりすることも時々はあります。

それでも、自分がパッションを感じられる対象に自分からブレーキをかけたくないんです。

うまくいかなくても、うまくできなくても、好きなことややりたいことをいまやれている。

そこに幸せとよろこびを感じます。

パッションをもてる物事に向かっているときのワクワクした気持ちが、いつも自分の原動力になっているように思います。

バイト先で誘われたオーディション

道路脇やデパートの入り口などに座って通行人や車両の数を計測する「交通量調査」というアルバイトをしていた時期がありました。

単発で日雇いだったので、いつも同じ人たちと一緒に働くわけではなかったのですが、派遣事務所でよく会う数人とは顔なじみになりました。

そのなかに、いつもアニメの話をしている人がいました。歳は少し上の、朗らかで饒舌《じょうぜつ》なかたでした。

ある日、彼は持ってきた雑誌をぱさ、とテーブルに広げました。「このオーディション受けようや」と突然に言うのです。「みんなでさ」
「みんなで？」

それは芸能オーディションの情報誌でした。彼が見せてくれたページには、設立されて間もないある声優事務所が「新人発掘・育成」の名の下に一般から広く人材を募集していると告知されていました。

彼の言うとおりに、その場にいた数人は一次審査に応募することになりました。私もです。「みんなで」と言われて「いや自分はちょっと……」とはわざわざ言い出しにくかったのです。

気乗りしないというほどでもなく、かといってノリノリ乗り気というわけでもなく、場の雰囲気に流されるまま、指定された書類や写真を送りました。

もし彼があの日バイトに来ていなかったら。
私たちにオーディションの話をしていなかったら。
間違いなく、私があのオーディションを受けることはなかったでしょう。

後に運命や偶然によって別の機会が訪れて結果的にやっぱり声優になった、ということは、もしかしたらありえたのかもしれませんが。

あなたは一次審査を通過したから二次オーディションを受けに何月何日どこそこに来なさい、という内容の封書が声優事務所から届き、言われるままに当日その会場に行きました。

テレビなどで見たことのある芸能オーディションのように、大きなビルのワンフロアで壁全面が鏡張りの大部屋、みたいなところを想像していましたが、実際はこぢんまりとしたアパートの一室でした。

玄関を入ってすぐのスペースに順番待ちの人が5、6人いて、私もそこに加わりました。私以外のかたは皆、劇団や養成所に所属している演技経験者のようでした。

自分だけ場違いな感がはなはだしく、待っている間「早く終わって早く帰ろう」とばかり思っていました。順番が来ると、審査員の前に出て渡された紙に書かれた数行のセリフを読みました。審査員のおひとりが顔を上げて、「きみは古谷《ふるや》徹《とおる》くんの声に似てるね」とおっしゃいました。古谷徹さんは、アニメに詳しくない私でも昔からテレビで声を聴いていた有名な声優さんで、その有名な声優さんの声と自分の声が似ていると言われても、まったくぴんときませんでした。

ほかにはなにも言われず、訊《き》かれず、オーディションはそれだけでした。

声優の世界に

忘れた頃にまた封書が来ました。

あなたは今回の新人発掘オーディションに合格したので当事務所の特待生となります。今後は月一回の無料レッスンに通ってください。

あっさりとした本文に、二次オーディションの応募者は数百名、最終合格者は7名と付記されていました。

7人しか合格していないのなら、辞退するのも目立つし、まずいような気がする。手紙に書かれていたとおりに、月に一度のレッスンに通うことにしました。

オーディションに応募したのも流されるままだったので、合格した後に通うのも流されるままでいいや、と思ったのかどうか、そのあたりはよく覚えていませんが、深く考えていなかったことはたしかです。

ちなみに、林原《はやしばら》めぐみさん、天野由梨《あまのゆり》さん、渡辺久美子《わたなべくみこ》さんとはこの頃に一緒で、4人ともだいたい同時期にデビューしています。

数か月ほど経った頃、マネージャーさんから電話がかかってきました。新番組のオーディションがあるから行ってほしいということでした。

アニメの「現場」、収録スタジオに行くのははじめての経験です。右も左もわからないという言葉どおり、スタジオに入ってスタンドマイクの前に立って（マイクを外して手で持つのだろうかとちょっと悩みましたが、マイクはミキサーさんが厳密に調整してくださっているので声優が触ってはいけないのでした）、セリフを読んで、そこにいるスタッフのかたがたがどちらのどなたなのかも知らないままに、お辞儀をして帰りました。

それが、デビュー作のアニメ『ドテラマン』で、私は「短鬼《たんき》」という小さいピンクの鬼の役をいただきました。セリフの量は多くありませんでしたが、毎回出番がありました。

それ以来、ほかの作品にも少しずつ呼んでいただけるようになりました。

とはいえ、声優になる訓練をろくろくしないでデビューしてしまったものですから、セリフはまともに読めないし口パクは合わせられないし、だからますます緊張してできなくなるしで、まったくひどい新人でした。

何十回録り直しになってもうまくできず、「じゃあこれでいいよ」とディレクターさんに優しく（あきらめて？）OKをいただいたりしました。やり直しばかりで、先輩がたにもスタッフさんにもほとほと呆《あき》れられていたのではないかと思います。

そんな体たらくのうえ、内気でコミュ力も低かったので、スタジオではいつも俯《うつむ》きかげんでした。

「おとなしくてどうも暗いけど、役者としてやっていけるのか」とスタッフさんに心配されたり、収録の帰りぎわに「あの子は誰が入れたの？　あれじゃもう使えないね」という声が聞こえてきたりしました。面と向かって「おまえはもう使わない」と言われたときは、自分でも本当にひどいと思っていたので、うん言われてもしかたないよなあ、すみません、と心のなかでつぶやいていました。

その一方で、「おもしろいね」と使ってくださるディレクターさんやプロデューサーさんもいらっしゃいました。よその事務所のマネージャーさんから仕事をいただくこともありました。不意にオーディションに誘っていただいて出演につながったこともあります。

そういったかたがたに辛抱づよく育てていただき、だんだんと仕事に慣れていきました。たくさんのかたが「やってみるかい？」と声をかけてくださったから、私は仕事をしてこられたのです。

そもそも、声優の世界に入ったきっかけも、バイト先で人に誘われたことでした。なにからなにまで人のおかげでした。

「声優になるには」、「この仕事を長く続けるには」なにが必要だと思うか、とインタビューなどで尋ねられることがあります。

難しい質問です。同じ質問をされても、きっと声優によって答えは違ってくるでしょう。

私自身は、若手時代を振り返ってみると、たぶん「そのときその場にいたこと」というのが一番当たっている答えなのではないか、と思うのです。

声優は、作品の人気と演じたキャラクターの人気によって、ファンのかたがたから引き立てていただける立場にいます。だから、声優は、作品・キャラクター人気のいわば付随的効果として「声優人気」というものを享受しているのです。

私の場合も、大きな作品や人気作品との出会いが連なり、デビューしてそれほど経たないうちに注目していただくようになりました。

話題が話題を呼び、仕事が仕事を呼び、そこからは怒濤《どとう》のような毎日でした。アニメのほか、歌やライブ活動など、声優としての活動域がファンのかたがたとともにどんどん広がっていくことに驚き、さらに張り切って仕事をする毎日でした。

アニメ『鎧伝《よろいでん》サムライトルーパー』をきっかけとして、私を含めて人気が出た若手声優は「現象」としてメディアに取り上げられるようになりました。

あるときから突然に周りが騒がしくなって、「声優ブーム」という言葉がやたら耳に入ってくるようになり、気づいたら自分がその渦中に、それも中心部にいるらしくて、いただく仕事も出会う人も、対応しなければならない良い出来事も良くない出来事もいきなり増えていった、という感じでした。

自分としては、声優はアニメや外国作品に声を吹き込む役割を担うという感覚で、もし「声優ブーム」で自分に人気があるとしてもそれは作品とキャラクターの人気だと思っていましたから（いまでも一定程度以上にそう思っています）、声優自身、それも自分が「人気者」として取り上げられることが不思議に思えました。嫌だったわけではもちろんないのですが。

業界内でも業界外でも、初対面で出会うかたは、自分は相手を知らないけどそのかたはすでに自分を知っている（ようだ）し、好意的でもその逆でも、すでになんらかの印象や感情をもっていらっしゃる（ような）ことがある、というのは、妙に落ち着かない感覚でした。

振り返ってみても本当に恵まれていたと思える一方で、その頃は目の前にある仕事を完璧《かんぺき》にこなそうとすることでいっぱいいっぱいでした。それこそが、いま、この「声優ブーム」の渦中にいる自分に与えられた役割なんだ、という気持ちが強かったのです。

声優自身を主人公としたオーディオドラマ（カセットブック『ONE DAY』）など、それ以前にはなかったような企画の第一弾に指名していただくことも数々あり、だから余計に「どれも絶対に失敗できない」と思って、仕事以外のことや先ざきのことを考える気持ちのゆとりがありませんでした。

そんな状態でいた当時の自分は、人を思いやる余裕もなく、チャンスをくださったり力を貸してくださったりしたかたがたに向き合って感謝をすることが十分にできていなかったなと、いまも思い出すたびに胸がぎゅっと絞られるような感覚になります。

CHAPTER 01

ある始まり

SECTION 2

声と演技を学び直す

声がおかしくなった

仕事を始めてから十数年経った頃、もう若手から中堅どころになっていた時期でした。

声の調子がおかしくなりました。喉《のど》が熱っぽく、声が掠《かす》れる日が続くようになったのです。

ちょうど風邪気味だったところに大きな声を出す仕事が続いていたのですが、数日もすれば回復するだろうと最初は思っていました。ところが、1週間経っても2週間経ってもいっこうに良くなる兆しがなく、それどころか、声を出すたびに悪くなっているようでした。

声優の仕事にはっきりと支障が生じていました。

それまでは声についてはほとんど大きなトラブルがなく来られたので、声のケアやメンテナンスについてまったく無自覚でいました。

声がまともに出せなくなったことに、私はただ当惑するばかりでした。

それまで普通にできていたことがそれまでのように容易にはできなくなった。

これはとてもおそろしいことでした。

以前の何倍もの時間をかけて準備をして仕事に行っても安定した声が出ないのです。

数時間かけてウォームアップをしてスタジオに入っても、思うように声のコントロールが利かず、頭に描いていた演技にならないこともありました。

そんな日は、皆さんに申し訳なくて自分が情けなくて、収録が終わるとすぐ、逃げるように帰っていました。

あの時期、私はどれだけの作品に迷惑をかけ、どれだけのかたを失望させ、またどれだけのかたに心配されていたのだろうか。

もっと適切な対処ができたのではないだろうか。

声がうまく出ないことにいたたまれない気持ちでスタジオを去るのではなく、誰かに打ち明けて相談していたら、もっと早く快復して迷惑を最小限に留《とど》めることができたのではないだろうか。

それは、ずっと後になってからも悔やまれることでした。


きっともう少しすれば自然に快復してまた普通に声を出せるようになるだろう。

どう考えても深刻な状況に陥っていたにもかかわらず、そんな非現実的な楽観視をして仕事を続けていました。

あきらかに調子が悪かったんだからもっと早く病院に行けよ、といまの自分ならつっこみたくなるところです。

私は自分の状態を正しく判断することができず、つとめて事態を軽く考えようとしていました。

私は傷つきたくなかったのです。

現実に向き合うことよりも、自分が傷つかないことを優先してしまったのです。


やっぱりこれ、このままだと無理だ。

ある朝、目が覚めて突然にそう思いました。

発声に重大な問題が起きていることをもう認めざるをえませんでした。


専門の病院でファイバースコープを使って声帯を診てくださった先生は、「ああーこれは声出せないわ」とおっしゃいました。

私は、赤く腫れ上がった声帯の画像を見ていました。

それは、急性声帯炎による炎症でした。


投薬をして腫れがひくまで休ませるしかありません。あなたの発声の仕方は声帯に大きな負担がかかるものだから、根本の発声方法を変えていかないとまた声帯を痛めることになるでしょう。

それが先生の見解でした。

私はできるだけ平静を保ちながら、「わかりました」と答えました。

その声は掠れていました。

まるで、誰かほかの人の声のように聞こえました。


声優から声と演技をとったらなにが残るのだろうか。

声は出なくなった。演技はちゃんと学んできていない。

いまの自分には、なにもない。


でも、あきらめる気にはなりませんでした。

それは、意地や負けん気とはちょっとちがう気持ちでした。

人も自分もがっかりさせるようなこんな状態でいてはいけない。

この先、声優としての進退がどうなるにしても、ここであきらめるのは無責任だ。

これまで私にキャラクターの声を預けてくださった業界のかたがたに対しても、応援してきてくださったファンのかたがたに対しても。

そう思いました。

同時に、自分は声の演技が好きなのだとあらためて気づきました。

声優の仕事は大好きで、いつも精一杯やっていたつもりでしたけど、作品でも歌でも公演でもたくさんのチャンスをいただいて、それらひとつひとつに挑戦していく怒濤のような毎日のなかで、どこか、仕事をさせていただいていることをあたりまえのように感じていたのかもしれません。

声の演技を続けていきたい。

現実感が希薄でぼんやり流されがちな自分が、なにかを真剣に心から願ったのは、それまでの人生でおそらくこのときがはじめてでした。

発声と演技の勉強

デビュー前も声優になってからも、私は発声や演技の訓練を十分にしてきていませんでした。

基本的にすべてが我流で、仕事の現場で感覚的に身につけてきたものです。

いま、その我流を見直すときが来たのかもしれない、と思いました。


とにかく、声を回復させなければ。

そのために、自分にはまだ努力できる余地がきっとある。


発声と演技を基礎から学び直す日々が始まりました。

それまで勉強してこなかったぶん、徹底的に学びたいと強く思ったのです。

演劇や映画を観るかたわら、国内外の舞台の映像、脚本、音声学の教科書、指導者や俳優たちの著書、朗読や落語や講談の音源などを手当たりしだいに集めました。外国のボイスコーチによる洋書やオーディオ教材も、少しでも勉強できそうなものはなんでも入手しました。

日本語の本、英語の本、CD、DVD、ダウンロードして印刷した資料。

私の家は発声と演技に関するものであふれかえりました。

それらをひとつずつ、読んで聴いて考えて試していきました。

何人かのボイストレーニングの先生からは直接に指導を受けました。いまは新しい生徒をとっていないんだけど、という先生もいらっしゃいましたが、そのかたの指導法を読んで感銘を受けたので、1回でも2回でもいいのでなんとかお願いできないでしょうかと頼みこんで教えていただいたりしました（め、迷惑だったかも……）。

レッスンを受けるだけでなく、日常でも自分でトレーニングをする必要がありました。本を読んで、調べて、実際にやってみて、毎日のルーティンにできるボイストレーニングのメニューを作り、それと併行して、国内外のさまざまな演技の本を、声の演技に照らしながら勉強しました。

同じ頃、俳優や音楽家の身体の使い方を調整する**「アレクサンダー・テクニーク」という技術**にも興味をもち、専門の先生に習い始めました。

アレクサンダー・テクニークとは、演技や演奏のための、心身の調整技法です。オーストラリアの俳優F・M・アレクサンダー氏（1869－1955）が、舞台で声が掠れる原因は身体の不要な緊張であると気づき、それを解決しようと理論化したものです。

整体などの治療や施術ではなく、また、ヨガや姿勢術などとも異なるもので、小指の先に至るまで、自由でしなやかで無駄のない身体の動きができるように、身体の使い方をアレンジ（調整）する方法を学びます。

スピリチュアル系のイメージをもたれるかもしれませんが、実際は医学や解剖学に基づくもので、その理論は科学的で説得力があります。俳優、音楽家、歌手、ダンサー、アスリートなど、身体を使う人には誰にでもお薦めしたい技術です。私自身、声優としてアレクサンダー・テクニークに出会えたことは僥倖《ぎょうこう》だったと言っても過言ではありません。

この頃は、自由に使える時間のほとんどを発声と演技の勉強にあてていて、**起きているときはずっと声と演技のことを考えていました**。やるべきと信じたことに取り組んでいたので焦りも迷いもありませんでした。早く新しい発声を身につけたい、それを早く仕事に活《い》かしたい、ひたすらそれを願って淡々と訓練を続けました。

仕事を続けさせてもらえていたのは本当にありがたいことでした。仕事の合間にボイストレーニングや身体トレーニングを受け、朗読やナレーションの教室に通い、自分のトレーニングメニューをこなし、と動き続けました。

深刻で切迫した状況から抜け出そうとして始めた声と演技の勉強でしたが、すればするほど興味が深まり、また、声の調子が回復していくにつれて勉強自体を楽しめるようになっていきました。

新しい役、新しい演技

まだ声帯炎が完全には治っていない頃、アニメ『テニスの王子様』に出てくるキャラクター、亜久津《あくつ》仁《じん》役のオーディションを受けました。

キャラクター表には、ガタイの大きい、それはそれはアクの強い面構えの青年が描かれています。オーディション用のセリフも、やたら挑発的で攻撃的です。

こ、このキャラを自分が……？

それ以前は、穏やかで優等生的な役をいただくことが多かったので戸惑いました。こんなにおそろしい顔をした凶暴そうな男を（ごめん亜久津）自分が演じても、役のイメージに合わないのではなかろうか。

なんで私にオーディションの話が来たのだろう？

でも、この亜久津というキャラクターには魅力がありました。

演じてみたい、と思いました。

これまでと違った役柄に挑戦してみたいという声優としての欲もありましたが、それよりも、亜久津という人の「肉声」を私自身が聴いてみたいと思ったのです。

亜久津はどんな声なんだろう。どんな声で演じればいいのだろう。

見当もつきません。

しかも、いまの自分はとても声の調子が悪いのです。演技プランを立ててオーディションに臨んだとしても、思ったようにはうまくできないかもしれない。

そのとき、はっと気づきました。

先に「このキャラクターはこんな声」というイメージを決めて、それに合わせるように声を出すのは、役づくりとしては順番が違う気がする。

このキャラクターが本当に生きている人として出す声を、その根拠とともに考えてつくりあげる。その方がキャラクターの声として説得力をもてるのではないだろうか。

オーディション原稿に、亜久津が高笑いをするシーンがありました。

そこは、彼の人格と育ちがもっともよく表れる一場面でした。

亜久津はどんなふうに笑うんだろう。

アニメでよくある感じの類型的な不良のような笑い方にはしたくありませんでした。亜久津を「悪役」のように演じたくなかったのです（悪役もなにも、テニスをする中学生なので！）。

高い身体能力と並外れた才能をもち、自らの正義にのっとって生きている亜久津。類型にはまらず、このアウトロー的な人物を典型的に表せる笑い方とはどんなものだろう。

思いついたのは、笑いのリズムを不規則にするというやり方でした。

文字では「はっはっはっはっはっ」と書いてある笑いを、それぞれの「はっ」の長さを一定にせず、リズムを崩すのです。8分音符の連続のなかに付点8分音符や16分音符が混じるイメージです。

リズムが一定でない音には、聴く人を不安定な気持ちにさせる効果があります。亜久津の高笑いのリズムを崩したのは、それが亜久津の人格と育ちを表す笑い方として説得性をもてると考えたからです。

亜久津自身も、テニスに対して、人に対して、自分自身に対して、苛立《いらだ》ちや葛藤《かっとう》を抱えています。その精神的な不安定さも、リズムの崩れた笑いで表現できると思いました。

オーディションではこの笑い方に集中して、声の不調を気にせず思い切り演じることができました。

あれから20年あまり。亜久津くんとは長い付き合いになりました。こういう出会いだったこともあって、私には思い入れのある大切なキャラクターなのです。

He has a trained voice.

日々のトレーニングの効果が出ていることがはっきりわかった機会がありました。ワシントン大学演劇科のキャシー・マデン先生による、演劇の発声における身体の使い方についてのクラスに参加したときのことです。

この日の受講者は、私以外は舞台俳優や演奏家のかたばかり。先生のご指示で、ひとりずつ声を発していきます。自分の声が部屋の空間全体を満たすようなイメージで、身体に余計な力を入れず、大声も出さず、楽に「あーーーー」と言うのです。

順番が来て私も「あーーー」と発声してみると、教室の窓ガラスが一斉にビリビリと音をたてて震えました。周りから「おおー」という声が聞こえました。でもきっと一番びっくりしたのは私でした。

He has a trained voice.
先生は頷《うなず》きながらおっしゃいました。
訓練した声をもつ者が適切な発声をすれば、共振の作用によって窓ガラスが振動するのはまったく不思議ではない、ということでした。

He has a trained voice.
自己流で発声し続けた時代。声を痛めてあがき続けた時代。そしていま。
米国から来られた、今日お会いしたばかりの先生が、いまの私の声を言い表してくださったこの一言で、視界が一気に晴れたように感じました。

He has a trained voice.
先生の声は、レッスンが終わってからも、帰宅してからも、その後も、ずっと頭のなかでリフレインしていました。
I have a trained voice.
自分でも言ってみました。

この trained voice を保つことが自分の責任なのだ、と思いました。

声の故障をきっかけに、その後十年あまり取り組んだ発声と演技の勉強によって、私の演技スタイルは、それまでの「感性が勝負。感じたままに演じるのがいい」という考え方から、**準備段階においての理論と構築**をより重視する方に変わっていきました。

感覚をとぎすませて演じることは当然に大切ですが、感覚的な要素だけで演技を説明することはできないし、理論や技術の裏打ちがないまま感性だけで実演に臨むのは不十分ではないか、と思うようになったのです。

新しい発声や演技の考え方が身についてくると、**学んだことを役づくりに活かせる**ことも増えていきました。

もう、一時期のようにおそるおそるではなく、確信をもって楽しみながら演じることができて、声の仕事にますます充実を感じるようになりました。

仕事でご一緒した先輩がたからも激励していただきました。

中尾隆聖《なかおりゅうせい》さんは「深い、いい声になったね、いまの声の方が絶対いいよ！」と、堀《ほり》内賢雄《うちけんゆう》さんは「大人の声で大人の芝居ができるようになったね」と。

おそらくひそかに心配してくださっていたのでしょう。業界の先輩がたからのそういったお言葉がどれだけ心強く、ありがたかったことか。

いま思えば、声帯炎になったことは**私にとって必要な転機**だったのかもしれません。

当時は、とてもそんなふうに考えられる気持ちの余裕はなかったのですが。

CHAPTER

01

ある始まり

SECTION 3

東大受験を思い立つ

英語の勉強を始める

声が回復し、心の平静が戻ってきた頃から、声と演技のトレーニングは続けつつ、余力のある日には英語の勉強もすることにしました。ここまで発声や演技論の本を洋書でも読みかじってきて、英文を多少は読めるようになっていたので、その勢いで英語も学びたいと思うようになったのです。

幼少期から小説や漫画や映画や音楽を通じてアメリカやイギリスの文化に親しんできたこともあり、英語はもともと大好きでした。いろいろな教材を使って、楽しみながら自由に勉強しました。

英語学習に特定の目標や目的があったわけではないのですが、勉強しているとやはりなにか「指針」がほしいというか、**自分のレベルを客観的に知りたくなります。**

そこで、英語関連の試験を受けてみることにしました。

まずは実用英語技能検定（英検）1級に合格し、次なる「指針」とした全国通訳案内士試験にも合格しましたが、勉強すればするほど、自分の英語力はまだまだだなと痛感するばかりです。

さらに英語を勉強したい。本格的に英語力を身につけたい。

そのためには、アカデミックな英語を学ぶことが必要なのかもしれない。

私は大学を意識するようになりました。

ボストン留学体験

大学受験を考えるようになったきっかけがもうひとつあります。

2010年の秋、40代半ばのことです。ボストンの語学学校に3週間の超短期留学をしに行きました。現地で英語を勉強したいというよりは、**「留学ナルモノヲ体験シテミタイ」**という好奇心からの行動です。

ホームステイ先は、ボストン中心部から車で40分ほどのところ、ウィンスロップという町にある一般のご家庭でした。ホストマザーのアリンは、(年齢を尋ねたことはありませんが、さまざまな話の内容から推測するに)私とほぼ同い年だと思われました。

学校から帰宅するとすぐキッチンに行って、夕食の支度をするアリンに今日あった出来事を話すのが私の日課でした。アリンは私に対して、あるときはホストファミリーの母親として、またあるときは同年代の友人として接してくれていたように感じます。

ある日、ふとした会話のなかでキャリア形成の話題になり、アリンが自分の話をしてくれたことがありました。数年前にそれまでの仕事を辞めて大学に行き直し、若い頃に専攻したものとは関連性のない分野を学び、いまは、以前のキャリアを活かしつつ新たに学んだ分野に関わる職に就いているというのです。

長年の間キャリアを重ねてきた社会人が、人生のある時点からまた別のキャリアを選択し、その**新たな選択のために大人になってからでも大学に行く。**

アリンのような生き方は、アメリカではまったく珍しくないということでした。

私はいくぶんか驚いた顔をしていたのかもしれません。

「日本ではどうなの？」とアリンは尋ねました。

「職に就いている大人が40代で大学に行ったという話は、自分の周りでは聞いたことがないかも……」

そのシーンはいまでもはっきりと覚えています。

話しながら後ろ向きに寄りかかったキッチンカウンターのひんやりとした硬さ。

いつものように淡々と話すアリンの低い声。落ち着きのあるボストン英語。

彼女が片手に持っていたレタスの薄い緑色。

流しの水がじゃーじゃー出ていた音。

横に置かれた小型ＴＶに映るＡＢＣニュースのアンカーパーソンの顔。

そのときは、自分自身が大学に行くことになるなど考えもしませんでした。

でも、ボストン留学での数多くの印象的な体験とともに、アリンの大学の話は帰国後もずっと頭に残っていました。

現実の人であれフィクションの登場人物であれ、興味をもった人物の生き方につい入り込んで、その人の人生をその人の目で見ようとする想像癖《へき》が私にはあるようです。これは声優としての職業柄というよりは、おそらくもともとの性向なのでしょう。思い返してみると、子どものときから愛読してきたケストナーの『飛ぶ教室』もヘッセの『車輪の下』も漱石《そうせき》の『三四郎』も、大好きな映画『ペーパーチェイス』も『いちご白書』も、あれもこれも生徒たち学生たちが主人公でした（あっ、三四郎はまさに東大生ではないですか！）。

彼らの活躍するストーリーが私に味わわせてくれた冒険と同じように、アリンのストーリーも私に想像上の冒険をさせてくれました。

大人でも、いつだって大学に行く選択肢がある。

「選び直す」というよりは「選び拡げる」という生き方をしている人々がこの世界に

いる。

そして、最初は「人の人生の一挿話」として感銘を受けた大学受験の話は、次第に「自分自身も潜在的に、そして現実にもちうるストーリー」として意識されるようになっていったのです。

「いっそ大学」

「世界文学の楽しみ」という、池澤夏樹《いけざわなつき》さんの講演会を聴きに行ったことがあります。

2008年、会場は学習院大学でした。

そこでたまたま目にした公開講座案内に載っていた英語のクラスに興味をもち、大学のキャンパス内で開講されたその講座に通ってみることにしました。

その後は、上智《じょうち》大学などの大学の公開講座で社会人向けの英語コースや、通訳、アメリカ演劇といったプログラムを受講しました（いずれも、在学生にではなく一般の人に向けた公開講座で、試験などもなく誰でも受講できるものです）。

そうやって英語系のいろいろな講座を受講するうちに、大学という場で勉強すること自体を楽しんでいる自分に、私はだんだん気づきはじめました。

ある日、ふと「いっそ大学の授業を受ければいいのに」という声が聞こえた気がしました。「どのみちキャンパスに通うんだから」内なる自分の声でした。

「**いっそ大学**」

突然、自分のなかでなにかが開いたような、なにかが弾《はじ》けたような、なにか唐突に次のステージが始まったような、そんな感覚がしました。

そこから東大受験を決意するまでは、ほんの数分でした。

東大受験を決めた日

どこか、英語を学べる大学に行こう。

インターネットで大学のサイトを見てみました。

仕事をしながら大学に通うには、キャンパスが東京、それも都内にないと難しい。

だけど、そもそも時間的にも体力的にも、そして学力的にも、**ちゃんと通って勉強**

についていけるんだろうか。もし途中で仕事や生活の状況が変わったりしたら続けられなくなることだってあるかも。

いや、でも、行ってみたいんだよなあ。

いろいろな大学の入学案内や試験要項を見て回りながら、そんなことをぐるぐると考えていました。

外国語大学や文学部の英語学科を調べてみると、国立大学はまずセンター試験で複数の科目を受けなければならないようでした。

当初は、アカデミックな英語を学ぼうと大学受験を決めたのですが、センター試験のために英語以外の科目を勉強しなければならないのなら、学ぶ対象をはじめから英語だけに限定する必要はないのでは、と思うようになりました。

この際、出会えるものをなんでも勉強してみるのはどうだろう。

せっかく大学に行くのだから。

せっかく未知の新しい環境に飛び込むのだから。

それなら総合大学が好適です。

東京都内にある国立の総合大学。

東京大学か！


私のように学問の世界から遠い場所にいる者であっても、学びたいと思う者にとって、日本の大学で東大は圧倒的な存在です。先生がたも、蔵書も、おそらく設備も、そして学生たちも、トップクラスの知が集積された環境……。

深夜、東大のウェブサイトで安田講堂の写真を見つめながら思いました。

せっかく行くのなら、東大に行きたい。


いやでも、ちょっと待って。

本当にこれから受験勉強をして受験をして、合格できたら仕事の合間にキャンパスに通って、授業を聴いて試験を受けて、それを卒業まで何年も続けて……、そこまでのことができるんだろうか。

無謀なことをしようとしている。

こういうことは、空想して楽しむだけで十分。やめとけやめとけ。

そんな「大人な」自分の声も聞こえた気がしました。

でも、いったん芽生えた「東大で学びたい」という気持ちはどんどん大きくなり、どんどん現実感を伴っていきました。


興味をもっている人やものに**「呼ばれた」気がすること**があります。

自分が好意をもっている相手からは同じように好意をもたれていると思い込む、そんなおめでたいやつなのかもしれません。

オーディションの現場でも、自分が受けるキャラクターから「よろしくね」という声が聞こえる（ような気がする）ときがあって、そんなときは、「うん、こちらこそよろしくね！」と心のなかで答えながら張り切って演じます。

どのオーディションでも必ず起こるわけではないのですが、そして、起こったからといって必ずその役が決まるということでもないのですが、これまで演じてきた印象深いキャラクターについて、何度かそんな体験をしています。

東大受験を思いついたときも、東大から「**勉強したいのならおいで**」と言われたような気がしたんです。

自分で都合よくそんな気がしているだけなのかもしれませんが。

「東大もおいでって言ってくれてるし、なんとかなるのでは」という根拠のない楽観まで生まれてきました。

考えてみると、私の場合、現役生や浪人生のかたがたが感じておられるようなプレッシャーがありません。

いつまでに合格しなければとか、絶対に合格しなければということはないのです。期限つきの目的や約束などがあるわけでもなく、勉強するために行くので、勉強できる状態でありさえすればいつ入学してもいいし、受かるまで何度でも受けることもできます。

もしずっと受からなかったとしても、そのせいで誰かに怒られるとか仕事ができなくなるとか家財を失うとか歯が抜けるとか、そういった不利益をこうむることもないのです。

合格するまで受け続ければいい。
勉強していけば、いつかは合格レベルに達するだろう。
もしずっと合格しなかったら、そのときはそのときだ。

よし、東大に行こう。

受験勉強の道のり

2009年	7月	実用英語技能検定（英検）1級合格。
2010年	10月	ボストンぷち留学。ホストマザーとのなにげない会話のなかで、大人でも大学に行く選択肢があることに気づいて軽い衝撃を受ける。
	11月	あちこちの大学で夜間に開講されている社会人向けの英語講座を受講。
2011年	3月	大学受験を具体的に考え始める。英語を学ぼうと外国語大学を検討する。
	5月	東大受験を決心する。とはいえ、自分が大学受験をするという実感がもてず、しばらくは「ほんまかいな」と思っていた。まずなにをどうしたらよいのか。とりあえず合格体験記を読んだり参考書を買ってみたりなど。 試験の雰囲気を知るために模試をいきなり受けてみる。（↑無謀）マーク模試は科目数が多く、朝から夕方までかかってぐったりしてしまう。解答欄に適切にマークするのは思っていた以上に大変な作業だ。「読み取りエラーが起こらないように正しくマーク」という注意書きにしたがって、マークの楕円形から1μmもはみ出さないように気をつけて塗るが、それだけで

Memorandum

#1

とても時間がかかる。うっかりはみ出すと消して塗り直さなければならず、「正しく」とはどこまでの塗り精度を求めているのだろう、今後は塗り時間を短縮せねばと考える。

記述式模試では、数学の答案をゆったりとした字で書いていたら解答用紙のスペースが足りなくなって最後は別人格のようなちまちまな字になってしまう。ほかの人は解答にどのくらいのスペースが必要なのかわかったうえで書き始めているのだろうか。無駄な力が入っているようで、書いていると芯がぼきぼき折れまくる。手首が痛み、一科目終わるたびに手をぶんぶん振る。消すときにも力加減がわからず、消しゴムで答案用紙を大幅に破ってしまう。紙は破れるが字はきれいに消せない。世の中の消しゴムのなかで自分の消しゴムだけが性能が悪いように感じられる。自分は勉強以前に、まずは鉛筆と消しゴムの使い方からだなと思う。

6月

全国通訳案内士一次試験（日本地理・日本歴史・一般常識）対策を優先させたため、まだ受験勉強にあまり時間を使えない。日本地理では、全国の温泉地の名称や風景を覚えなくてはならない。全国各地の名産品も。はじめて知ることばかりで興味深いが、大学入試にはまず出ないだろうな。

7月

まだ地理歴史の勉強を始めていないが東大模試を受けてみる。模試は試すためにある。めちゃくちゃな出来で（英語だけはたいへん良かった）、当然に最低ランクだった。マーク模試はやはり「塗り」に時間がかかる。

8月
通訳案内士の一次試験に合格したので二次（口述）対策を始める。受験勉強は模試を受けるだけでせいいっぱい。日本史と地理と古文と漢文の勉強方針が立たず、いっこうにとりかかれない。数学の問題集を解き進める。

1・3ミリ芯のマーク式試験用シャープペンシルを導入する。塗り時間は短縮されたが太いのではみ出しがち。

10月
まだ地歴と古漢と地学の勉強が始められない。模試の成績表はいつも英語だけが上位者になっている。返却された日本史の答案に「基礎的な理解ができていないと思われます」と書かれる。そのとおりなんです。

11月
通訳案内士の口述試験対策。各予備校の東大型模試を受けてみる。

12月
全国通訳案内士口述試験。感触的には合格しただろうと思えたので、翌日から受験勉強に戻る。

地理のセンター試験用参考書を読み進める。同様に日本史もと思っていたが、いまいちやる気がわかず一日のばしにしてしまう。二次試験の日本史対策として予備校の冬季講習で「東大日本史」を受講するが、教科書すら読めていないレベルでは、ちっともわからないし頭にも残らない。

Memorandum
#1

Memorandum #1

2012年

2月
模試はできるだけ申し込み、受けられなかったものはあとで解答・解説の冊子をもらう（もらってもそのままになることが多かった）。4月のセンター模試までは二次試験の勉強をする。数学と地理。日本史はどうしたものか。

3月
4月になったら（なぜ「いま」でなく「4月になったら」なのか?）古文と漢文も勉強を始めようと思う。日本史はどうしたものか。

4月
右の答え。4月はなんでもできそうな気がする月だから。古文・漢文、日本史にようやく取りかかる。

5月
マルチタスクが苦手な自分には複数の科目をまんべんなく勉強することが難しい。一日にせいぜい2科目しか手がつけられない。

6月
7、8月の東大型模試に向けて、地歴を重点的に勉強する。数学は間をあけると勘が鈍るので、地歴の合間に短時間でも問題集を解く。

8月
この3か月勉強した成果か、地理の知識が増えるにつれ、東大の過去問を（解けるかどうかは別として）おもしろいと思えるようになってきた。日本史はまだまだな感じ。

地歴の夏期講習を受けてみる。過去問演習という意味では自分で過去問集を読めばよいのだけど、近年の出題傾向などの話が聞けるという意味で予

9月

備校の講習は有益だった。模試も講習も、その体験自体が楽しい。

模試の雰囲気にも慣れたので、そろそろセンター模試と東大型模試に絞ろうとも思うが、地歴の勉強のために「全統記述模試」や「全国模試」などの一般型模試も受け（申し込み）続ける。目的は地歴だけなので、一般型模試での地歴以外の科目については、できようができまいが気にしないことにする（実際、一般型模試は傾向も形式も東大の本試験とはずいぶん異なっている）。

11月

ある事情から、受験勉強に時間を使えなくなる。複数の模試・講習の申込みをしていたが、ほとんど受けることができず、問題や教材も活用できなかった。現実においては、自分や周りの状況は突然に変わりうる。受験も勉強も、いまの自分が優先すべきことではなくなった。

11月上旬のセンター模試を大阪で受ける（前日に大阪で仕事があったので前もって申し込んでいた）。この月の東大型模試が最後に受けた模試となる。

12月

勉強に心身を使えない状況が続く。それでも、スキマの時間にできる勉強をする。古文の文法や漢文の句形を覚えたり、地歴の過去問の解答を読んだり。机に向かう余裕はない。

2013年

1月

数時間×数日間、数学と地学のセンター直前講習をオンラインで受講。

Memorandum #1

2月

1/19、1/20が大学入試センター試験本番。目標圏内の得点ができた。「足切り」を免れたと確信し東大に願書を送るが、さまざまな事情のため、ここから二次試験前日までは一日も勉強することができなかった。

二次試験に心が向かない状態でいたが、知友が訪ねてきて「受験してほしい」と言ってくれる。その真心がありがたく、また、受験するのが正しい選択のように自分でも信じられる。

しばらくぶりに時間がぽっかりと空いたのは二次試験の前日。34日ぶりに勉強する。でも前日なのでなにをしたらいいのかわからない。数学を何問か解いて、日本史と地理の過去問集の解説を読む。世の受験生は明日の本番に向けてきっと緊張したり意気込んだりしているのだろうなと思いながら、明日持っていく受験票と筆記用具を用意する。携帯用カイロも。

2/25、2/26。東大前期日程第二次学力試験。受ける以上はベストを尽くそうと思い、無心に問題を解く。合格したいとかしなければとか、そのような気持ちもなく、したがって緊張もなく、受け終えてもカタルシスや達成感といったものもなかった。時間配分には気をつけて、書けることはできるだけ書いた。総じて「できた」感はなかったが、漢文の問題で答えが突然にひらめいて、自分で自分に驚いたことを覚えている。

Memorandum

3月

合格した。今回合格するとは思っていなかったし、翌年また受験するかどうかも考えていなかった。心身は他のことでいっぱいで、受験のことはしばらくおいといて、と思ってたのに。合格してしまった。入学手続きをしなければ。仕事の合間に通学する段取りを考えねば。オリエンテーリング？ガイダンス？　履修登録？　来月から大学生だなんて。心の準備もできてない。いきなり大変なことが始まってしまった。

#1

合格までに必要なもの

CHAPTER

02

SECTION 1

受験に必要な科目

選択科目を決める

国公立大学の一般入試では、まず大学入試センター試験（現・大学入学共通テスト）を受けなければなりません。国語・社会・数学・理科・外国語の5教科7科目です。

東大に入るためには、**こんなにたくさんの科目を勉強しないといけないのか**……。でも、国語に含まれている古文・漢文も、歴史や地理といった社会科科目も、私はろくに勉強してきていません。

大人になってからも、知らないまま、興味ももてないままでした。

本当にセンター試験から受けないといけないのだろうか。

私のような社会人には、一般入試以外でなにかこう、抜け道的な入学の方法はないのだろうか。

成人して30年近く経っている社会人に対して、東大は、「おお。そなたは成人か。社会人とな。よく来た。入れ。こちらから入れ」みたいに横道を用意してくれたりしないのだろうか。

社会人入試の枠があればと期待しましたが、残念ながらありません。ついでにダメもとで、と芸能人枠も探しましたが、それもありません（そりゃそうですわ）。

センター試験からの二次試験という一般入試のコースをとるしか東大に入学する道はない、と。

勉強したいから東大に行こうと決意したのに、東大に入るための勉強については楽をしようと思ってしまいました。はい。すみません。

東大文科では、二次試験で日本史・世界史・地理から2科目が必要になります。

社会科科目は中学高校時代にまともに勉強したことがなく、私には下地となる知識がまったくありませんでした。日本史はテストで8点（100点満点中）を取った思い出しかありませんし、地理ときたら「サハラ砂漠」がアフリカ大陸にあることを30代なかばまで知らなかったのですから（頭のなかにあったきわめて解像度の低い世界地図で、中東のあたりにあるんだろうとぼんやりイメージしていたようです）。

日本史・世界史・地理。

簡単そうな順にふたつ選ぼう、とも思いましたが、いやいや東大の試験に簡単な科目があるわけないのです（そもそも、選択科目は難易度に差がつかないように配慮されているでしょう）。

どれを選ぶにしてもすべて最初からの勉強になります。

絶対に大変です。

結局、日本史と地理を選びました。

二次試験の論述に対応できるまでの力をつけるのに時間がかかりそうな世界史に比べて、短期間でひととおり俯瞰《ふかん》できそうだったからです。

センター試験の理科は地学を。

高校時代に勉強した物理と迷ったのですが、**あえて知らない科目**を勉強したい気になったんです。

地球と宇宙と生き物と大地と空と海について一挙に学べるなんて、高校地学はとてもお得でおもしろそうでした。

ところで、受験勉強では時間と効率を考えて日本史・地理を選択しましたが、世界史を勉強しなかったことは東大に入学してからずっとハンデになりました。学部で受けた社会科学系・人文科学系科目では、学生が高校世界史程度の知識をもっていることを当然の前提として講義が行われることが少なくなく、授業中に「みんなは知ってる様子。自分はちんぷんかんぷん」になることがしばしばありました。

「しまった。受験で世界史を選んどけばよかった」と何度思ったことか。

こんな私の経験からも、日本史と地理が世界史よりも得意なかたや勉強時間があまり取れないかたでなければ、**東大文科の受験では世界史選択を強くお薦めします。**

実際、東大の世界史はある程度勉強すれば日本史よりも点が取りやすいと言われていて、「世界史・地理」「世界史・日本史」という組み合わせの受験者が圧倒的多数のようです。

余談ですが、「日本史・地理」の組み合わせは受験生の間で「日地《にっち》」と呼ばれています。言葉どおり、「ニッチな日地」です。

英語の受験勉強をしない

大学受験も選択科目も、なんだかずいぶんと簡単に決めたようですが、じつはちょっとした思惑がありました。

東大は入試の科目数がもっとも多い大学です。

外国語、数学、国語（現代文・古文・漢文）、社会2科目（理系は理科2科目）。

センター試験では、これに理科1科目（理系は社会1科目）が加わります。

もしこれらすべてを最初から勉強しなければならなかったとしたら、私の受験勉強は相当ハードになり、合格水準に達するまでの時間もおそらく相当かかったでしょう。

でも、英語については東大受験を考える前に何年も勉強しており、英検1級や通訳案内士試験にも合格していたので、あらためて英語の受験勉強に時間を割く必要はないだろうと判断しました。


受験においてこれは大きなアドバンテージです。

勉強すべきは、数学、国語、社会2科目、センター試験用の理科1科目。

合否は総合点で決まるのだから、英語の点数と合わせて総合点を合格ラインに乗せることができれば合格の可能性はある、と見込んだのです。

数学は学生時代からン十年も時が経ってほとんど忘れてしまっていたし、古文・漢文や地理・歴史はほぼゼロ状態からのスタートなので、勉強しなければならない科目数はやっぱり多いままです。でも、たった1科目であっても、勉強や対策に時間を使わなくてすむ科目があるというのはとても有利です。


ちなみに、現代文については、子どもの頃から本好きだったことから、受験勉強しなくてもある程度の点は取れるのではと思っていました。文章好きだし、大人だし、まあほどほどの点数は取れるでしょ、と。

でも、これはまったく甘い考えでした。センター国語も二次試験の国語も、そこそこ**読書をしてきたからといって、それだけで点が取れるものではありません**でした。

そりゃそうですね……。

CHAPTER

02

合格までに必要なもの

SECTION 2

本当に受験できるだろうか

受験は仕事の邪魔になる？

大学受験をするつもりだということも受験勉強を始めたことも、ごくわずかなかたにしか話しませんでした。声優とは違う分野に進もうとしているのでは、とか、勉強で忙しくなって仕事をセーブしているのでは、とか、この人は仕事に一生懸命でないな、とか、そんなふうに思われたら困るなと思ったのです。

合格してから、声優の仕事をしながら大学に通っていた時期もそうでしたが、いわゆる「二足のわらじ」という言葉も、仕事が第一で勉強は趣味の延長のようにとらえている自分には、しっくりこない感覚でした。「二足」だったとしても、一足は大きくてもう一足は小さいわらじなのです。

人からどう思われるかは別にして、自分自身でも、大学受験によって心身ともに仕事と距離ができてしまうのではないか、と少し心配でした。受験勉強をする時間や余力があるのなら、その時間や余力は仕事に向けるべきではないだろうか。仕事をさせていただいていながらほかのことに時間や体を使うのは仕事に真摯《しんし》だといえないのではないだろうか。

どこか後ろめたいような、気がひけるような感じがしていました。

でも、本当にそうだろうか。

私がやろうとしている**大学受験は、私の仕事や仕事への意欲の妨げになるようなことなのだろうか。**

「24時間役者」

養成所にいた頃、千葉《ちば》繁《しげる》さんに教えていただいたことがあります。

千葉さんの授業は、声優のセリフの言い方を教えてくれるのではなく、肉体訓練を含めて役者としての根幹を作り上げようとする内容で、毎回が刺激的でした。

「役者は24時間役者だからね。メシ食ってるときも風呂入ってるときも寝てるときも」と、千葉さんはよくおっしゃっていました。

それまでの私は、役者さんは舞台やスタジオで演技をする職業だと思っていたので、**「24時間役者」**という言葉は目からウロコでした。

演じる場所にいなくても、演じてくださいと言われてなくても、仕事をしてなくても、プライベートでも、ひとりでいるときも、自分に意識がないときも、とは！

この「24時間役者」という考え方は、それからまもなくしてデビューすることになった私に、強い影響を与えました。

おそらく、だから私は、大学受験が仕事の妨げになるとは考えなかったのでしょう。

仕事と大学のどちらを選ぶ、とか、受験や大学のせいで仕事に注げるリソースが減る、とか、そういった**択一的な選択だとも、足し算引き算みたいなものだとも思えなかった**のです。

演技者にとっては、どんな知識でも、どんな感情でも、どんな経験でも、自分の頭と心と体に吸収させる価値がある。

知りたいと思うままに学ぶ。

行ってみたいと感じるままに駆け出す。

新しい環境に飛び込んでみる。

良いことであれ良くないことであれ、結果がどうであれ、身をもって考えた、感じた、体験したすべてが、演技者を日々つくっていく。

受験勉強も、東大合格後の勉強も、キャンパスで学友と過ごす時間も、在学中に参加した夏休み短期留学での体験も、そしてその間に感じ、考えたことも。

私の行動や感情や思考のすべては、自分が演技者であるということに含まれていきました。

私にとって、それが「24時間役者」の考え方を身をもって実現することでした。

どちらを選ぶかの問題でもないし、リソースの足し算引き算でもない。

だから、家族や大切な人たちとの時間についても、受験勉強のために減らすことはしませんでした。

友人知人たちとの飲み会やパーティーなどに参加する機会は多少は減ったかもしれません。行く行かないを意識的にコントロールしたというより、年齢的にもそれぞれが仕事や家庭に心身ともに関わる時間が自然に増えていったからだと思うのですが、会える機会は減ったとしても、会えたときはいっそうその時間が大切に感じられるようになりました。

CHAPTER

02

合格までに必要なもの

SECTION 3

勉強の「目的」

勉強ってなんですか?

先日、あるインタビューを受けたときに「**あなたにとって『勉強』とはなんですか?**」と尋ねられました。大きな切り口の問いに、そのときは戸惑ってしまったのですが、あとであらためて考えてみました。

ひとつの職業で(比較的)長いキャリアをもつ40代、50代の社会人にとって、いまさら受験勉強をしたり大学に行ったりすることが絶対に必要なことだとは思えない。しかも、声優は資格が必要な仕事ではないし、仕事の内容も大学で学べる学問に(少なくとも一見)直接関係がない。

質問の背後には、このような考え方があったように感じます。

で、そういう境遇にいるあなたが、わざわざ時間やお金や手間や気力や体力というリソースを費やして勉強をするのはなんのためなのですか？

勉強の「目的」。

それが、「あなたにとって『勉強』とはなんですか？」という質問の趣旨だったのかもしれません。


私の大学受験での目標は東京大学文科一類合格で、その目標を達成するために勉強しました。これまでに受けてきた英語検定、数学検定、スペイン語検定、通訳案内士試験、その他の試験も同じです。合格という目標を叶《かな》えるためにした勉強です。

でも、**目標は目的とは違います。**「目標」は、その時期に設定した具体的で一時的な到達点であって、「目的」はもっと抽象的なものだと思うのです。

私にとっては、具体的で一時的な目標に到達しても、それでなにか大きな変化が起こるわけではなく、ひとつの目標をクリアしたらまた次の目標を設定してそれに向かう、いつもその繰り返しです。だから、東大合格や英検合格などは、当座の達成点だったり通過点だったりはしますが、「目的」ではありません。

私が勉強する「目的」はなんなのだろう。

●「それが役者だよ」

新人の頃のことです。

デビュー作の『ドテラマン』ではじめてお目にかかって以来、たてかべ和也《かずや》さんにとてもかわいがっていただきました。芸能の業界に入ってきたというのに内向的なままで、大人の人とまともに目を合わせることもできなかった私を、たてかべさんはいつも気にかけてくださいました。

ある日の収録後、どういうわけか、たてかべさんが「ふたりで飲もうや」と声をかけてくださったことがありました。スタジオの近くにあった居酒屋でいろいろなお話をしてくださったのですが、唐突にこんな質問をなさるのです。

「望、もし仕事に出かけるときに、おまえさんが片想《かたおも》いしてる人から電話がかかってきて『いますぐ来て』って言ったらどうする？」

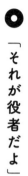

私は、私の「片想いしてる人」の話なんかぜんぜんしてないのに、なんでいきなり変な仮定の質問をしてくるんだろう、と内心いぶかりながら答えました。

「えっ、仕事だったら仕事に行きますよ」

あたりまえじゃん、と思いました。もしかして、たてかべさんは、新人の仕事に対する熱意を測ってるんだろうか。

「どんなに好きな人でも、かい？」

「そりゃあ、だって仕事に遅れたり行かなかったりしたら、その先もう仕事できなくなるかもしれないじゃないですか」なおのことキッパリ言いました。仕事と恋愛のどっちを取るか揺らぐ、とか思ってるのかなあ、たてかべさんは。やだなあ、子ども扱いして。

たてかべさんは笑いました。「望ぅ。あのな。**いま、好きな人のところに飛んでくのが役者だよ**」

私は心底びっくりしました。偉大な先輩が、たくさん仕事をしてこられた大ベテランの声優さんが、そんなことをおっしゃるなんて。

「それが役者だよ」

いつも目を伏せてばかりだった私ですが、このときは驚きのあまり、たてかべさんのお顔をまじまじと見ていました。

小さなお店のカウンターに並んで座って、たてかべさんはニコニコと笑っておられました。

「役に立つ・立たない」という基準

私は受験してみたかったのです。そして大学で勉強してみたかったのです。

仕事やほかのなにかに直接役立てたいとか役立つといいなとか、そういった動機で大学に行こうとしたわけではなく（結果的に役立ったとしたら、それはもちろんうれしいのですが）、そこに行きたいから行こうとして、そして行ったのです。

「いま、好きな人のところに飛んでくのが役者だよ」

たてかべさん、いまの私にはそのお言葉が本当によくわかります。

心をひかれた対象に向かい、精神も肉体も没入させていくことは、多くの演技者にとって自然な行いです。

そして、このときの私にとっては、その「心をひかれた対象」が大学だったのです。

もし、「目的」が実益や報酬のような結果を（あるいはその期待値を）得ることを意味しているのならば、（少なくとも直接的には）そのような**結果を求めて勉強しているのではない**ので、私は自分の勉強の「目的」がわかりません。もしかしたら、勉強すること自体が目的なのかもしれません。

「それを勉強してなんの役に立つの？」と訊かれることもありますが、「役に立つ」から勉強しているわけではないので、答えにくいなあと思います。「役に立つ・立たない」という視点は、自分にとっては「勉強する・しない」の基準になっていないのです。

そもそも「役に立つ」とは、誰にとってどう「良い」ことをいうのでしょうか。

また、「役に立つ・立たない」は、誰がいつの時点でどうやって判定するのでしょうか。

自分が？　親や先生が？　勤務先が？　取引先が？　社会が？　国が？　世界が？　それとも特定の誰かが？

1年後に？　3年後に？　10年後に？　30年後に？　その人の晩年に？　死後に？

どういう判断基準で？　それは誰が定めた基準？　全員同じ基準を？と、いつも疑問に思うのです。

“Connect the dots”

“You can't connect the dots looking forward; you can only connect them looking backwards. So you have to trust that the dots will somehow connect in your future.”

未来を見据えて「点」をつなげていくことはできない。できるのは、（未来から）過去を振り返って「点」をつなげることだけだ。だから、（いまばらばらに見える）「点」たちが将来なんらかの形でつながるんだと信じなければ。（拙訳《せつやく》）

これは、スティーブ・ジョブズがスタンフォード大学でしたスピーチの有名な一節です。物事の因果や帰結は誰も先だって知ることはできない以上、そのときは関係のないことのように見えても、**いつかなにかで互いにつながって線になる、それを信じ**

よう、と述べています。

力強い、希望と勇気がこめられたフレーズです。

勉強も、自分でつくれる「点」のひとつです。ひとつどころか、いくつでも！です。もしも将来「点」と「点」がつながって新たな視界が開けるならば、それはすばらしいことですし、ほかの「点」とつながらずに「点」が「点」のままぽつんとあるだけだったとしても、それはそれで、人生にひとつ楽しい「点」をつくったな、と思えばよいのです。そのぽつんとした「点」を育てて大きくすることだってできるし、どんどん育てて巨大になれば、いつかは直近の「点」といやおうなしにつながります！

私には、勉強は仕事とも趣味とも垣根なくつながっていて、そのどれもが興味関心とパッションの対象です。

仕事も趣味も全力でやるのが一番楽しいので、受験勉強も全力でやりました。「全力」といっても、ガリ勉的な方向ではなく、はかどってもはかどらなくても、解けても解けなくても、そういった進捗《しんちょく》や出来とは関係なく、仕事や趣味を楽しむのと同じように勉強を楽しみました。だから、「勉強のためになにかを減らす、なにかを犠牲にする」という感覚はありませんでした。

「趣味と同じ」だなんて不真面目だ、と眉《まゆ》をひそめるかたもいらっしゃるかもしれません。でも、自身の興味関心とパッションにしたがって動いていくこと、それが、イチ演技者である私には基本の態度になっているのです。

考えてみると、これはほかの仕事にも通じるところがありそうです。

たとえば、ジャーナリストなら、記事を書くだけでなく現地に行ったり人に会ったりすることも仕事に含まれますし、料理人なら、素材を探すことも、食文化を知るために旅行することも、仕事の一環です。

24時間を「仕事の時間とそれ以外の時間」に明確に分け切ることはできなくて、職業意識と興味関心が通奏低音のようにその人の生活の根底に息づいている。そういうかたは、演技者に限らずたくさんいらっしゃるように思います。

大学受験するしないの迷いが消えると、気持ちも視界もクリアになったような気がしました。
あとは勉強を始めるのみ。
明日、参考書と問題集を買いに行こう。

東大受験のシステム

センター試験の「足切り」と「圧縮」

〈足切り〉

一般入試の場合、東京大学をはじめとする多くの国公立大学では「二段階選抜制」を導入しています。二段階選抜制の第一段階として、受験生はまずセンター試験（現・大学入学共通テスト）を受け、そこで各大学が定めた点数を超えた受験生のみが、第二段階としての二次試験を受験する資格を得られます。

この第一段階目を「足切り」といいます。センター試験で「足切り」をクリアできなければ、志望大学の二次試験は受けられません。つまり、センター試験というのは「東大の試験」ではなく、「東大の試験を受験する資格があるかどうかを判定される試験」で、二次試験ではじめて「東大の試験」になるのです。

センター試験の初日にニュースなどで映される受験会場がたいてい東京大学の教室

だったりするので、センター試験も東大の試験だと思っているかたがいらっしゃるかもしれません。じつはそうではなくて、センター試験が終わってから大学に願書を出して、自分の点数が足切りを通過していれば二次試験の受験票が届くというしくみなのです。

センター試験の日にニュースで見る東大の教室は、単に全国のセンター試験会場のひとつであって、東大がセンター試験を出題しているのでもないし、東大の教室でセンター試験を受験しているからといって東大の受験生だというわけでもありません（そのなかに東大志望の受験生がいる可能性はありますが）。

こう書くとなんだかややこしいですね。

〈圧縮〉
入試の最終的な合否は、センター試験と二次試験の合計点で決まります。

東大の場合、センター試験の配点である900点は900点そのままでは使われず、110点満点に換算され（「圧縮」と言われています）、二次試験の配点440点と合わせて合計550点満点です。

９００点満点が１１０点満点に換算されるこの「圧縮」のため、センター試験での１点差は０・１２２２点差になります（実際の合格判定と同様に小数第5位を四捨五入）。わずかな点差が、さらにわずかな点差になるのです。

センター試験と二次試験の比重は１１０：４４０＝１：４です。二次試験の配点の方がはるかに大きいため、センター試験の得点だけではほとんど差がつきません。センター試験の８００点は換算後は97・７７７８／１１０点、７００点は85・５５５６／１１０点です。つまり、センター試験の１００点差は12・２２２２点差にしかならないのです。両者ともに「足切り」を無事通過したなら、８００点の人は７００点の人よりも12・２２２２点のアドバンテージをもったうえで、４４０点満点の二次試験に臨むことになります。

これを「たったの12点ちょっと」と思うか「12点ちょっとは大きい」と思うか、ととらえ方は人それぞれですが、この「センター圧縮」があるために、東大受験においてはセンター試験よりも二次試験の方が圧倒的に重要だとされるのです。

Memorandum #2

第一目標は「足切り」回避

東大は二次試験こそが勝負です。

限られた勉強時間はできるだけ二次試験用に使うべきで、センター試験は、「足切り」を突破できるだけの最低限の点数が取れればよいと私は考えました。

で、その「最低限の点数」とは何点くらいなのだろう。

足切りを突破した東大文Ⅰ受験生のセンター試験の平均点を調べてみると、750点台から790点台（2006年～2011年）の間におさまっていることがわかりました。そこで、最低でも750点を下回らないように、できるだけ810点（900点満点の9割）に近づけることを目指しました。

ここで気をつけたのは、「最低でも750点取ろう」というのは、「750点取れる勉強をしよう」ではないということです。

物事は、下限値でのぎりぎりクリアを目指していると、おうおうにしてその下限値にさえ到達できない結果になると経験的にわかっていました。最初から750点を目標値にしてしまうと、本番で750点に届かない危険性が多分にあります。本番で絶対に750点を下回りたくないのであれば、750という数字は忘れて、目標上限の810点を取る気で勉強する必要がありました。

結果的にセンター試験は800点だったので、目指していた範囲内で高めの点が取れて、ひと安心できました。

ちなみに、私の受験した2013年は足切りでちょっとした番狂わせが起こりました。文I志願者が予定倍率（約3・0倍）に達しなかったため、文Iだけ足切りが行われなかったのです。

だから、この年はセンター試験でどんなに低い点数をとっていても（仮に0点だったとしても！）、文I志願者なら二次試験を受験できたことになります。

とはいえ、足切りが行われない年は（少なくともこれまでは）まれですし、この年の文I受験者のセンター試験平均点は734・14点というけっして低くはない点数でした。近年は全科類とも足切り点が低下傾向にありますが、二次試験受験者の平均点は、どの年でも足切り点より数十点〜百数十点は上なので、点数は高ければ高いにこしたことはありません。

Memorandum

#2

Memorandum #2

センター試験の必要科目

東大文科を受験するにあたって必要とされるセンター試験の科目と各配点は、国語（200点）、地理・歴史（または公民）（200点）、数学ⅠA・ⅡB（200点）、理科（100点）、外国語（200点）の5教科7科目（または6教科7科目）です。

このうち、社会科科目である地理・歴史または公民については、二次試験の科目が日本史・世界史・地理からの2科目選択であることを考えると、多くの受験生にとってはあえて公民を選ぶ意味はなく、二次試験で選択する歴史または地理をセンター試験でも受けるのが合理的です。

もっとも、公民が最強に得意で、満点近くを確実に狙えるというかたは、あえての公民選択もアリだと思います。

二次試験の必要科目

東大文科の二次試験科目と配点は、国語120点（内訳は公表されていませんが、現代国語60点、古文30点、漢文30点という見解が有力です）、地理・歴史120点（日本史・世界史・地理から2科目各60点）、数学80点、英語（またはその他の外国語）120点の合計440点です。

文理を問わず、東大の二次試験は英語か数学が超得意だと（文科受験者にとっては、数学よりも配点の大きい英語が得意だととくに）とても有利です。私も、勉強時間はもっぱら地理・歴史、古文・漢文、数学にあてて、英語の受験勉強はまったくしませんでしたが、模試でも本番でも英語は安定して高得点を取れていました。大学受験以前に何年も英語を勉強してきた「貯金」に助けられました。

数学は、すごく得意なかたならいつも安定して高得点を取れるのでしょうが、そうでないかたにとってはどうしても「水もの」の要素が強い科目です。しばらく勉強しないでいると勘が鈍ったり計算力が衰えたりしますし、猛勉強して本番に臨んでも、問題によってはガタガタに崩れてしまうことだってありえます。

英語の場合は「水もの」要素はなく、実力にほぼ相当する結果が期待できるので、英語が得意なかた、好きなかたは、ぜひ英語で点を稼ぎましょう！

Memorandum #2

快適な環境をつくる

CHAPTER

03

SECTION 1

自分のやり方を見つける

合格体験記は最高のガイドブック

受験勉強を始めるにあたって、最初になにをしたらいいのだろう。

これまでに受けた英検1級や全国通訳案内士の試験では、まず合格体験記を集めて読んでいました。

大学受験でも、**まずは合格者のお話を聞いてみることがきっと大事**です。

いくつも刊行されている大学合格体験記のなかに、『東大文I　合格の秘訣』（データ・ハウス）というシリーズを見つけました。

まさに！　東大文Ⅰを受験する私にうってつけの本ではないですか！

毎年刊行されるこの『東大文Ⅰ』シリーズを全巻揃えて読み込むことにしました。

合格者たちの個別具体的なストーリーは、私にはフィクション以上に興味深く、読みものとしても楽しめました。そしてもちろん、合格体験記にちりばめられている情報は試験対策としても高い価値があります。「逆算思考」、「ゴールから考える」という考え方のとおり、目標を達成するために必要なプロセスやステップを知るには、「**先人の知恵を借りる**」、つまり、その試験の直近の合格者の体験を本人の言葉で聞くことが大いに役立ちます。

どんな参考書や問題集を使ったらよいのか決めかねたときは、合格体験記に多く挙げられているものをまずは選んでみることにしています。多くの合格者が使っている参考書や問題集だからといってそれが必ずしも良書とはいえないかもしれませんし、良書であっても自分に合うかどうかは実際に使ってみなければわからないことですが、合格者が誰も使っていないような本をわざわざ選ぶよりは、まずはメジャーな参考書・問題集を試してみる方が合理的だと思うのです。

本の選び方以外にも、受験勉強期間のスケジュールの立て方、一日の時間の使い方、苦手科目への取り組み方、本番でうまくいかなかったときのメンタルの保ち方など、合格体験記には、これからの受験生がいろいろと参考にできることがあります。

とくに、世代や境遇や価値観が自分と似ているかたのお話は、「**ちょっと先にいる自分**」**からいまの自分へのアドバイス**だと思うと、共感できたり励まされたり、モチベーションもいっそう上がりました。

この『東大文I　合格の秘訣』シリーズの体験記はどれも詳しく書かれており、合格者の皆さんの熱意や工夫が肉声で伝わってくるような臨場感のある読みものでした。

東大入学後に読み直すと、クラスやゼミで知り合ったかたが何人も掲載されていたりしました。東大法学部で教えていただいた先生のお名前をバックナンバーの巻に見つけて驚いたこともあります。

情報としてだけでなく、モチベーションを高める意味でもお世話になった本でした。

「よし、自分も合格後に体験記を書いて『東大文I』に載せてもらおう！」と本気でそのつもりでいましたが、残念なことにこのシリーズは私が合格する前年で刊行が止まってしまったようで、マイ合格体験記を掲載してもらう夢は叶《かな》いませんでした……。

参考書か？　予備校か？

合格するためには、やっぱり塾とか予備校とかに行かなければならないのだろうか。塾や予備校は、ゼロからスタートする科目を段階的に学べたり、苦手な科目の集中講義を受けたり、センター試験や東大の傾向などの最新の情報を知ることができたりしてサポートが手厚そうです。どんな教材を使ってどう勉強を進めるか、そのような具体的で実戦的なことは、大学受験予備校というプロ集団に任せる方が安心確実に思えます。

ですが、ふだん仕事をしている以上、予備校に通うのはそもそも無理な話でした。仕事のスケジュールが不規則なので、勉強に使える曜日や時間帯をあらかじめ設定しておくことができないのですから。

それに、私にとっては受験が一番大切なことではなく、仕事をはじめとして、勉強よりも大切にしている事柄があり、大切にしている人たちもいます。そこになにか制限を加えてまでして勉強時間を捻出《ねんしゅつ》しようとは思いませんでした。

そうなると、仕事関連、家族関連、日常の生活に費やす時間を除いた可処分時間のなかで、**基本的には自学自習する**しかありません。

勉強できない日も当然にあって、いつできるかもまちまちで、今日はできると思っても不測の事態が生じてできなくなることもあるだろう。でも、そこはそういうものだと割り切って、できるときにできるだけしよう。

そんなゆるい構えをとることにしました。

そうはいっても、予備校という存在には興味津々でした。

大学受験をするこの機会に、できれば予備校も体験してみたい！（宙に浮くことと昆虫食以外はだいたいなんでも体験したがるタイプです）

通年の授業は無理でも、単発の模試や短期講習ならスケジュールが空く日に受けられそうです。試験形式や時間配分に慣れることもできるし、なにより楽しそうです！

仕事やその他の事情によって、本当にその日に受けられるかどうかは申込みの時点ではわからないのですが、早い段階で定員が埋まってしまう模試もあるため、受けたいものはとりあえず申し込んでおきました。

実際、申し込んでいても行けなかったことは何度もありましたが、欠席した模試については、あとで予備校の事務局に行って試験問題と解答の冊子を一式いただいてきました（申込者なので当然、もらえます！）。

問題と解答があれば、休みの日に「ひとり模試再受験」をすることもできます。全科目の受験と採点をするとほぼ一日がかりになってしまうので実行はなかなかできませんでしたが、科目を絞り、問題を選んで勉強しました。

数学は手に負えそうな問題だけを解く。
地理・歴史は最初から問題文と解説を合わせて読む。
古文は単語、漢文は句形のみを確認する。
英語と現代文はやらない。

必要な科目の必要そうなところだけを利用していました。

模試はペースメーカー

私は模試を積極的に受けた方です。「勉強が追いついてないから」、「解けるレベルに達してないから」と思っても、模試は受け控えない方がいいと思っています。模試の結果は単にその模試の結果を表すものにすぎないので、勉強の進度やいまの実力に自信がなくても、受けられる環境にいるなら結果を気にせず思いきって受けてみることをお薦めしたいです。

模試は本番に最も近い「実戦演習」です。試験会場の独特な雰囲気のなかでほかの受験生と同時に同条件で同じ問題を解く体験を早いうちにしておくことは、心身を本番に向けていくための有効な試験対策になります。

合格体験記には「模試を勉強のペースメーカーとして利用すればよい」と書かれていました。とてもいい考えです。

私自身は、模試をペースメーカーに活用できたとまではいえませんが、とにかくどんどん申し込んでどんどん受けたことで気持ちの弾みがついた気がします。

私がどれだけの模試を申し込んだか、この章の終わりに載せておきますのでご覧ください！

模試の成績は、日本史はいつまでも勉強が遅れていて、数学は問題によって点数が大幅に変わって、英語はいつでも安定していました。志望校は毎回「東京大学文科一類」としていましたが、合格可能性の判定はたいてい「D」で、「A」だったのは最後に受けた東大型模試だけでした。

自分では、順位や合格可能性は気にしていませんでした。模試の結果は、たまたまその模試を受けた母集団のなかでの相対的で一回的な評価です。それに、点数が低くても、まだこれから勉強するわけで、結局は本番でできればそれでいいのですから。

模試は、ほかの受験者と自分とを比べるというよりは、前回よりも解くスピードが上がったかとか、より深く問題と向き合えたかとか、そういった**過去の自分といまの**

自分との比較に利用するのがよいと思います。近年の出題傾向を反映した予想問題集としても、**本番の時間配分を体得するための予行練習**としても使えます。

センター試験の直前期には、過去問に加えて、各予備校のセンター模試の問題を制限時間を設定してまとめて解くことで、頭も体もセンター仕様にしていきました。

このように予備校を活用させていただきましたが、性格的には、思うままに自己流の計画を立てて思うままにひとりで勉強する方が合っていました。勉強は「自主・自由」というのが私のタイプです。

ただ、勉強するうちにわかってきたのは、「自由」は「気まま」とは違うということでした。

こと受験については、気ままに勉強していると、好きな科目ばかりに時間を割いたり、重要な基本事項の理解がないままに細かい点を追求したり、受験する大学の傾向と合わない問題演習をし続けたりするおそれがあります。実際に、私はしばらくそんな感じで「気まま」な勉強を続けていたので、模試の点数はほとんど伸びませんでした。そのうち、「これはまずいかも」と気づいて勉強科目が偏らないように意識しましたが、あのまま漫然とした勉強を続けて本番の日を迎えていたら悲惨な結果になっていたかもしれません。

重要なのは、曲がりなりにも本番までに合格ラインに達することなので、勉強スタイルは「自主・自由」だとしても、**ある程度の計画性と客観性は必要**です。

SECTION 2

集中できる時間をつくる

勉強場所ホッピング

勉強は、快適にできるかどうかがとても重要です。

快適にできると長期間でも続けていけます。

快適さが勉強のエネルギー源になります。

カフェ、図書館、電車のなかなど、人それぞれに集中しやすい環境がありますよね。

自宅でも、書斎や勉強部屋に限らず、お風呂のなかだったり、ソファの上だったり、ダイニングテーブルだったり、夜にベッドに入ってからだったり。

快適な空間から得られるエネルギー、そのおかげで保てる気力や体力は、手間やお

金に勝るとも劣らないほどの貴重な資源だと考えています。

科目や内容に応じて勉強場所を変えてみるのも気分転換になります。私はよく、カフェで勉強しました。カフェにいると、人が見えるし、景色が見えるし、時間経過につれて人や物が動いたり移り変わったりするのも見えます。そういう周りの動きや変化が、いま自分が頭に入れようとしている歴史上の出来事や地理的事象と合わさって記憶されて、あとで思い出すときにトリガーのように働いたことがありました。

江戸時代に幕政の改革（「享保《きょうほう》の改革」）を主導したのは徳川吉宗《とくがわよしむね》で、その項目を読んでいるとカフェのスタッフさんが隣のテーブルを片付け始めて、改革には新田開発も重視されていて、スタッフさんは吉宗には似ていないけれど（徳川吉宗の絵が本に載っていたのです）、仮に吉宗さんという名前だとしてこのテーブルを新田だとしたらテーブルの片付けは新田の開発になるのかな（さすがにこじつけがすぎる）と思ったりして、ああこのBGMはアイズレー・ブラザーズの「This Old Heart of Mine」（1960年代のポップス曲）だこれ超好きな曲、改革は1700年代の初めの方で（1716−

1746）、壁の時計を見たら18時40分だったので17時16分じゃないのかおしい、などと思って、でも享保の改革はだいたい夕方5時半くらいだねと勝手に納得してコーヒーを口に運び、「おお、そうだ。倹約させて年貢も増やさなければな」（このときはなぜか突然に自分が吉宗になっている）とひとりごちる。

こうすると、それ以降「享保の改革」の文字を見るだけで、カフェとスタッフさんとテーブル片付けと5時半を指す時計のイメージとそのときにつぶやいた倹約やら年貢やらの「セリフ」が、「This Old Heart of Mine」のメロディーとともによみがえってくるのです。

そのときのことがすべて思い出せることもありましたが、たまに、「あれ？『享保の片付け』だっけ？ でテーブルの片付けって結局なんのことだったんだっけ」と混乱することもありました。失敗もままあります。

自宅やホテルなどの部屋では、カフェでするよりは長く勉強できて、集中もしやすく、なんなら声も出せます（家族や同居人次第だったりしますかね）。

自宅では数学をじっくり解いたり、大学受験以前は英語の発音やスピーキングの練習をよくしていました。声優の仕事のリハーサルやボイストレーニングも自宅でることがあるので、家では日本語か英語でしょっちゅうなにかしゃべっています。

バー・ホッピング。いわゆる「はしご酒」のことです。一軒目で一杯、次のお店でまた一杯、のように、長居しないで次から次へと店を変える飲み歩きです。

お酒を飲むときのバー・ホッピングはあまりしませんが、**勉強場所を変える「カフェ・ホッピング」**（?）はよくしていました。予定が複数入っていて外に出っぱなしになる日は、合間の空き時間にカフェに入って勉強しました。長くいてはお店の迷惑になるかもしれないので、適当な頃合いで別のカフェに移動します。

科目を切り替える

「カフェ・ホッピング」のように、「科目ホッピング」をしてみるのも気分転換になりました。**受験勉強の息抜きに「好きな勉強」**をするんです。たとえば、受験科目（日本史）の勉強→好きな勉強（趣味の英語または受験数学）→受験科目（地理）→趣味の英語または受験数学……のように。

勉強の息抜きに勉強、というとふざけているみたいですが、これは私がたまたま英語と数学が好きだからです。息抜きはもちろん勉強でなくていいので、なんでも、楽しいと思うことを間に挟むんです。


勉強に飽きてきたら、無理に集中しようとはしないで、飽きるままに、その日の勉強はすっぱりとやめました。大人なので、いや子どもであっても、なにかをいやいやする必要はないですし、いやいや勉強なんかしたらその科目が嫌いになってしまうかもしれません。嫌いなことをするのはつらいので、勉強を続けていくためには、イヤにならないように、いつも気持ちよく勉強できるように、**適宜、自分を甘やかしてあげる**ことが大切です。

毎日、決めた時間に決めただけの量の勉強をこなせるなら、計画も立てやすく、勉強した実感も自信も得られやすいのでしょうが、皆が皆それができる環境にいるわけではないし、日によって当然に気分も体調も違うので、決めたとおりにできなくてもがっかりすることはありません。

私は計画を立てるのが下手で、勉強でも仕事でも、立てた計画のとおりに実行できないことがしょっちゅうです。でも、がっかりしたり反省したりに時間を使うより、できなかった計画のことはさくっと忘れて次の計画を立てることにしています。

バー・ホッピングする呑《の》み助の決まり文句ではないですが、「**次行こ、次！**」です。

SECTION 3

集中できる道具を選ぶ

椅子と文房具

部屋のなかでの居ごこちも大切です。

在宅の仕事でも勉強でも、書斎の椅子は在宅中に圧倒的長時間身体を預ける存在なので、機能的かつ快適に座り続けられるものでなくてはなりません。

私が長年使っているのは、「アーロンチェア」という定評のあるワークチェアです。見た目もカッコよく、つい座りたくなって、座るついでに仕事や勉強を始める気になりやすいです（たぶん）。座りごこちがよいため、仕事や勉強を始める前に、座ったまま眠りに落ちてしまうこともあります。

枕とマットレスも、快適に眠れるものを試行錯誤で追求しています（現在進行形です）。寝ながら勉強をするわけではないですが、**なにをするにもまず睡眠が重要**ですよね。

快適な勉強環境のために、勉強に使うアイテムも選んでいます。

万年筆オタクなので、書いて勉強するときは万年筆を使うことが多いです（広義ではペンオタクなので、ボールペンやシャープペンシルも好きなのですが）。

万年筆は、頻繁にインクを補充しなければいけなかったり、書いたばかりのところに触れると紙や手を汚してしまったり、床に落とすとペン先が曲がって使えなくなったりと、取扱いに手間がかかるし気も遣います。勉強の効率だけを考えるとボールペンやシャープペンシルの方が絶対に楽なのですが、そこをあえて万年筆を使うんです。

机に並べたインク瓶から今日はどの色を使おうかと選んで、お気に入りの万年筆にインクを吸入して、ペン先が紙の上を滑るさらさらとした感触にうっとりして、書かれた文字のインクならではの濃淡に見とれて、指や手を汚してしまったときは「おうおう」と言いながら指を半曲げに突き出して洗面所に走って……。

そういったことすべてが楽しくて、**つい使ってしまいます**、万年筆。

私にとっての万年筆は、勉強の効率化などの合理的な概念を超えたところに存在しています。快適な勉強環境づくりに確実に貢献してくれているのです。

よく使う万年筆は、スーベレーン（ペリカン）、カスタム823（パイロット）、プロフェッショナルギア・レアロ（セーラー）などです。これらはインク瓶から直接インクを吸い上げる吸入式万年筆で、カートリッジ式やコンバーター式に比べて一度に多くのインクを補充できるので、論文式の試験（東大法学部の学期末試験がそうでした！）などで一気に長時間書くときに向いています。

日本語を書くときは漢字や縦書きに強いと言われる日本製を、外国語を書くときはペリカンやラミーなどのドイツ製を使います。日本製が横書きには不向き（あるいはドイツ製が縦書きに不向き）というわけではなく、単に使い分けが楽しいという理由です。

数学の勉強では、センチュリーロジウム（プラチナ）という万年筆のミュージックという形状のペン先を使います。もともとは楽譜を書くときに使われるペン先で、縦線が太く横線が細く、カリグラフィーのような筆跡になるのでおもしろいのです。微分積分の数式を書くと、主観比80％アップで美しいインテグラルやdxが書け（る気がし）

て、書いた数式をうっとりと見続けてしまいます。

仕事では、キャップレスという万年筆（パイロット）をよく使います。その名のとおり、キャップのない、ノック式でペン芯《しん》を出す万年筆です。キャップをはめたり外したりする手間も、キャップを落としたり失くしたりする心配もありません。筆記しないときはペン先をしまっておけば、もしうっかり床に落としたとしても、ペン先が曲がってしまうという惨事は起こりません。

「トーストがバターを塗った面を下にして床に落ちる確率はカーペットの高価さに正比例する」という有名な「法則」があります。万年筆も、「ペン先を下にして床に落ちる確率は［万年筆の高価さ×持ち主の万年筆への愛情の大きさ］に正比例する」法則が成り立つと、私は幾度かの個人的な落下事件によって確信させられています。

筆記具へのこだわり

模試や英検などのマークシート式試験では、芯の太さが１・３ミリ、濃さがＢのシャープペンシルを使っていました。ぺんてるマークシートシャープペンシルや、ステッドラーの製図用シャープペンシルです。世界で最初に商品化されたシャープペンシルは「Eversharp Pencil（いつもとがっている鉛筆）」という名前だったそうですが、1・3ミリ芯はかなり太くて、もはや「シャープ」ではない気もします。

削りたてで先のとがった鉛筆や、一般的な太さである0・5ミリ芯のシャープペンシルだと、解答用紙のマーク箇所を塗りつぶすときに体感で「グリグリグリ」くらいの時間が必要でしたが、1・3ミリ芯だと「グリグ」か「グリ」くらいで塗れるので、**塗りにかかる時間を半分から3分の1に短縮**できます。その分、考える時間に余裕ができるので、とくに時間がタイトな試験には必携アイテムでした。

センター試験では、採点時の読み取りエラーを避けるためとして、「芯の濃さがH、F、HBの黒鉛筆」と指定されています。さすがに本番の試験で指定外の筆記具を使うのはリスクがあるので、指定どおりの鉛筆を数本、先をあまりとがらせすぎないようにして持っていきました。

鉛筆に輪ゴムを巻いておくと、試験中に机からコロコロと転がり落ちて「あ、あ、待……」と声なき悲鳴をあげる、などということが起きずにすみます、きっと。

勝負服

大好きな作家、向田邦子《むこうだくにこ》さんの作品に「勝負服」というタイトルのエッセイがあります。

勝負服というのは、競馬の騎手などが本番で着用するユニフォームのことです。向田さんは、執筆時にまとわれる服をそう名付けて、よそゆきの服よりもお金をかけて仕立てていらっしゃったそうです。

ものすごい集中力とスピードで筆を走らせると言われた向田さんにとっては、着ごこちがよく、ペンの動きの邪魔をしない服がお仕事の大切な相棒だったのでしょう。

そんなこんなで、私の勝負服は地味である。無地のセーターか、プリントなら単純な焦々《いらいら》しないもの、何よりの条件は着心地のよさと肩のつくりである。冬ならセーターだが、軽くて肩や袖口に負担のかからないもの。大きな衿は急いでペンを動かすとき、揺れるので嫌。袖口のボタンも駄目。体につかず離れずでなくてはならない。普段はだらだら遊んでいる癖に〆切りが迫ると一時間四百字詰め原稿用紙十枚でかき飛ばす悪癖があるのでどうしてもこういうことになってしまうのである。乏しい才にムチをくれ、〆切りのゴールめざして直線コースを突っ走っているのである。（略）

多少の自嘲の意味もこめて、私は勝負服にはもとでをかける。よそゆきよりもお金をかけて品質のいいものを選ぶのである。

（向田邦子「勝負服」／『眠る盃』講談社文庫収録）

このエッセイをはじめて読んだのは中学生の頃で、内容とともに「勝負服」という言葉がずっと印象に残っていました。

勉強するときにも、気合が入ったり気持ちが上がったりする服があると楽しそうです。服でなくても、たとえば好きな音楽をかけるとか（音楽は、全身を包んでくれるという意味で、服をまとう感覚に近いような気がします）、好きな映画をＢＧＶ的に流すとか、好きな香りに包まれてとか、猫に見守られながらとか。

自分が愛する対象はなんでも勉強の相棒になってくれると思います（ただし猫は、ときに妨害者になりえます）。

Memorandum #3

模試と講習の記録

以下は、私が申込みをした（受けたかどうかは別として）模試と講習のリストです。

2011年

5月上旬	K	全統マーク模試
下旬	K	全統記述模試
	S	駿台全国模試
7月中旬	S	駿台全国マーク模試
	Y	東大入試プレ①
8月上旬	K	東大即応オープン①
	K	全統マーク模試
	S	東大入試実戦模試①
9月上旬	K	全統記述模試
下旬	S	駿台全国判定模試
10月中旬	K	全統記述模試

11月上旬	K	全統マーク模試
	S	駿台ベネッセマーク模試
	K	東大即応オープン②
中旬	S	東大入試実戦模試②
	Y	東大入試プレ②
	Y	全国センター模試
下旬	K	全統センタープレテスト
12月上旬	S	センタープレテスト
下旬	冬期・直前講習 K	東大日本史
	冬期・直前講習 S	東大日本史

S…… 駿台
K… 河合塾
Y… 代ゼミ
T…… 東進

Memorandum #3

2012年

2月中旬	K 東大本番プレテスト
4月下旬	T センター本番レベル模試
5月上旬	K 全統マーク模試
下旬	S 駿台全国模試
7月中旬	Y 東大入試プレ①
8月上旬	K 全統マーク模試
	Y 全国センター模試
	S 東大入試実戦模試①
中旬	夏期講習 S 東大地理
	夏期講習 K 東大地理
	夏期講習 S 東大日本史
	夏期講習 K 東大日本史
	K 東大即応オープン①
下旬	T センター本番レベル模試
	T 東大本番レベル模試
9月上旬	K 全統記述模試
	S 駿台全国判定模試
下旬	S 駿台ベネッセマーク模試
10月中旬	K 全統マーク模試
下旬	K 全統記述模試
11月上旬	K 東大即応オープン②
	S 駿台ベネッセマーク模試
中旬	S 東大入試実戦模試②
	Y 東大入試プレ②
	Y 全国センター模試
下旬	K 全統センタープレテスト
12月上旬	S センタープレテスト

2013年

1月上旬	冬期・直前講習 Y センター数学
	冬期・直前講習 Y センター地学
下旬	【本番】大学入試センター試験
2月下旬	【本番】東京大学二次試験
3月10日	合格発表の日

自分にあった学び方を見つける

CHAPTER

04

SECTION 1

始めるまでがいちばん大変

「継続は力なり」の裏側

継続は力なり。

あきらめずに努力を続けることで夢や目標が達成できる、という言葉です。

この言葉には、じつはもうひとつ意味があると本で読んだことがあります。

努力を続けることができる、そのこと自体がその人の「力」、能力だというのです。

「千里の道も一歩から」、「雨垂れ石を穿《うが》つ」、「塵《ちり》も積もれば山となる」、最近だと「あきらめたらそこで試合終了ですよ」のように、努力を続けることの大切さを説いた言葉はいくつもあって、**これらの言葉はたいてい、成功したかたや秀でた才能・能力をもつかたによって語られています。**そうしたかたがたがおっしゃると説得力があって、「よし自分も頑張ろう！」と発奮できます。

とはいえ、小さな努力であっても、継続して積み重ねていくのは大変なことです。努力し続けて成果を上げた人の能力にあやかりたい、その人たちを真似したい、と思うのと同時に、「そうは言ってもできないときもあるよね」と思ったりもします。でも、努力を「やめなかった」ことを評価されるエピソードはこれまでに数え切れないほど見聞きしたことがありますが、努力を「途中でやめてもＯＫ」とか「やめたなんてすごい！」という声はあまり聞いたことがありません。

「継続は力なり」という堂々たる金言の裏に、「あきらめたら負け」、「始めた以上は責任をもって続けるべき」、「ここで頑張れないヤツはなにをやってもダメ」などと、つい私たちに思わせてしまうような空気が、なんとなく社会のなかに浸透しているように感じられます。なにかを途中でやめたことで他人から「失敗した」、「挫折《ざせつ》した」と評価されることは、実際にもよくあります。

そういう空気や他人からの評価がプレッシャーになると、やめることに対して罪悪感や敗北感を覚えてしまっても不思議はありません。

やりたいことがあっても、「続けられなかったら」、「成果が出せなかったら」という不安が先にたってしまって、そもそも始めることすらできなかったり。

まじめな人ほど、そんな傾向があるように思えます。

でも、**途中でやめることをネガティブにとらえる必要はない**んです。

途中でやめたっていいじゃないですか。

いつなにを始めてもいい。

それをいつまで続けてもいい。

「しばらく休もう」でもいいし、「やっぱりやめよう」でもいい。

「金輪際やらない」でも、「いつかまたやってみよう」でもいい。

行くも止まるも進むも戻るも、自分のことなのだから自分で決めていいと思うんです。

「三日坊主」について思うこと

「三日坊主」であっても、**それをしなかった三日に比べて、それをした三日は、その人にとって貴重な経験**になる。

やってみて、はじめて見えてくることだってある。

私はそう考えています。

やってみて「自分には合わないかも……」と感じたとしても、それは三日続けたからこそわかったことかもしれません。

そうやってなにかを感じられただけでも、いまの自分は前の自分よりも確実にひとつわかったことがある。

そこに意義があると思うんです。

たった三日。いえ一日でも、数時間でも、数分でも。

勉強でもスポーツでも楽器でもゲームでも。

はじめてのことに挑戦して身をもって体験したその時間は、たとえ中途半端なままにやめてしまったのだとしても、あとで振り返ったときに、愉快な、甘美な、かけがえのない時間だったと私には思えます。何年もたってから、「ああ自分はあのとき頑張ってみたんだよなあ。ちょっとだけだけど、やってみたんだよなあ」と、ほほえましくすがすがしく、ときには少し誇らしくなったりもします。

もしかしたら人からは、「そんなことくらいで。しかもちょっとだけなんて」と思われるかもしれませんけど、ちょっとだけであっても、たいした体験でなくても、「それをしなかった自分」よりも「それをした自分」の方が、**私にとっては「好ましい自分」**なんです。

たとえ三日坊主でも、その三日はずっと、それからの自分の人生にとって特別な三日間として残ります。なにかに挑戦したその時間は、何年何十年の後にも、気持ちの豊かさを生む源泉として心のなかにい続けてくれると思うんです。

あえての「一日坊主」

「いつかそのうちやってみたい」と思っていることでも、人生なにが起こるかわかりません。「いつか」も「そのうち」も永遠に来ない可能性があります。

「時間ができたら／余裕ができたら」も同様で、将来の自分がいまの自分よりも時間や余裕が多いとは限りません。そんな「時間」や「余裕」が生まれることは、もしかしたら一生ないのかもしれません。

あとまわしにしていることがあれもこれもあるなかで、ふとそんなことを考えてヒヤリとしたり、突如あせったりすることがずいぶんありましたが、最近は、**ちょっとでもやりたいことは早くやった方がいい**、と思ってとっとと始めるようになりました。

新しいことを始めるには勢いが大切だったりします。

始める前から「続けられないかも」と思うと、その勢いにブレーキをかけてしまうことになります。

せっかく始める気になってもそうなると機を逸してしまいかねないので、最初は「ちょっとだけやってみよう」くらいの軽い気持ちで始めるのがいいかもしれません。

「三日坊主」といっても、実際、三日は長いですよね。

だから、一日だけやってみよう、と。

そして本当に一日しかやらないのです。

あえての「一日坊主」です。


「一日しかしない」というのが最初からの「計画」なので、そのとおり一日でやめてもなにも問題ありません。

計画どおりに物事を終えたのですから、中途半端ではないし、あきらめたわけでもありません。自分にがっかりしたり反省したりする必要は当然まったくありませんし、なんなら計画を完璧《かんぺき》に遂行したとして表彰されてもいいくらいです。


で、やってみて、もし続けたいのなら続けてもいいですよね。

続けたいとまではっきり思えなくても、なんとなくでも続けていいような気がするなら、いまは保留にしておいて、いつかまたやる気になれば再開すればいいし、その「いつか」が永遠にこないなら、それはそれでいいんです。

計画はもう、あの日(一日目)に成功しているので、永遠に再開しなくても失敗や挫折ではありません。

たとえ一日でも、なにかを実際に体験したのなら。その日を分岐点として、それをまったく体験しなかった**昨日までの人生とは違う人生がスタートした**といえます。

思い出づくりのために生きているわけではないですが、あとから振り返ったときに、その一日は、きっと自分にとって思い出のある特別な一日になっているように思えるんです。

スティーブ・ジョブズの“Connect the dots”（98ページ）が言う「点」が、心のなかにひとつキラッと増えたように。

SECTION 2

記憶力を発動させる

自分にやさしく

勉強して新しい知識や考え方を頭に入れたつもりでも、翌日になると「あれ、なんだったっけ」となることがありませんか？

と問いかけてみましたが、私のことです。覚えたつもりでも、しょっちゅう忘れます。

われながら残念な記憶力ではありますが、そうは言っても、勉強での記憶力はその人の能力や年齢とは関係のないフェーズの話だと考えています。だって、能力でも年齢でもほかの要素でも、「私は○○だから覚えられないんだ」と思ってしまうと、勉強にも勉強している自分にも、とたんにワクワクできなくなるじゃないですか。いいことなし、です。

だから、**覚えていないという状態は「まだ繰り返しが必要」という単なる「途中の状態」**なんだから忘れるのはあたりまえ！　と割り切って、記憶については自分にあまり期待せずに、忘れてもくさらずに、そしてけっして自分を責めずに、「いつかは覚えられるし、覚えられなくてもそれはそれで問題ないや」くらいに、気楽に淡々と繰り返しています。

気楽に淡々と何度でも。
気楽に淡々と何度でも。

せっかく勉強しようと決めたんだから、その気持ちを自分で下げてしまわないように。勉強を続けるためには、まず自分がストレスを感じないように、つらくならないようにしてあげることが大切だと思うんです。

「人にはやさしく」の基本は「まず自分にやさしく」です！

記憶の「重ね塗り」

忘れることを気にしなくてもよいといっても、やはり記憶していた方が圧倒的に効率がよいという事項もあるので、自分に合う記憶法を模索してみたこともありました。「書いて覚える」という方法は、それが合うかたもいらっしゃるのでしょうが、万人に効果がある方法ではなく、むしろ、向いている人の方が少ないのではないかと思っています。とくに、受験勉強などの日時や期限が決まっているものについては、向き不向きだけでなく、時間対効果の問題にも関わってきます。

書いて覚える方法は時間がかかります。書くのに費やした時間は、書かなければほかの勉強（勉強でなくても）に使えた時間です。

貴重な可処分時間を書くことに使いたくなかったので（そして、書くのはめんどくさかったので）、ひたすら見てひたすら読みました。繰り返し書くよりは繰り返し読む方がずっと速く、たくさん繰り返せます。**記憶の定着度は繰り返した回数**で決まるので、より繰り返しの回数をもてる「読むこと」を優先しました。

繰り返し読むという方法は、覚える負担がないのが長所です。わざわざ暗記作業をしなくても、繰り返すことで少しずつでもなんとなく頭に残り、さらに繰り返すうちに自然に定着していきます。

記憶を薄く塗り薄く塗り、と重ね塗りしていくようなイメージです。

ときには「何度繰り返しても覚えられない！」ということもありますが、そういうものは、自分には縁がなかったと割り切ってきっぱり捨ててしまうのもアリですし、もしくは、最終的に（極端にいえば試験当日に）頭に入っていればいいと考えて、直前だけなんとか頑張って覚えるのもアリです（153ページ「寸前記憶法」をお試しください！）。

できるだけ快適にできるだけ楽しく勉強するために、暗記はできるだけしないようにして、繰り返すことで結果的に記憶している状態に持っていきました。

繰り返す際も、「覚えよう。覚えねば」と欲を出してしまうと、覚えられなかったときにストレスになるので、**「覚えなくていい。今日はただ繰り返すだけでOK」、「覚えなくていい。今日もただ繰り返すだけでOK」**と自分を甘やかして、気楽に淡々と繰り返していました。

暗記しようとせずに「覚えられればラッキー」くらいに軽く考えて繰り返していると、そのうち「おっ、けっこう覚えてるじゃん自分」と気がつくこともよくありました。

「塗り」の補強

新しい分野や科目の勉強も、薄く重ね塗りするやり方で始めるととっつきやすく思えました。

まずは、あまり時間をかけずに本全体をさっさと一周してみる。

2回目も、細かい点は気にせずさっと一周する。

そうやって何度か繰り返すのです。

初回からべったりと隅から隅まで塗ろうとすると全体を塗り終えるのに時間がかかります。一冊の本に1か月も2か月もかけていると、終わる頃には最初に読んだことを忘れてしまうかもしれません。私なら絶対に忘れます。

とくに初回は、うっすーい塗りでかまわないので、スピード重視で終わらせます。塗り残しがあっても気にせずに繰り返すと、いずれはなんとなくでも全体的に塗ることができて、その頃には記憶にもよく定着しています。

ただ、こうやって薄く重ね塗りしていっても理解も記憶も全体に均等にはならず、繰り返しても「塗りが薄い」ままの箇所が出てきました。そういうときは、別途、その部分の塗りの補強をする時間をとったこともあります。

塗りの補強の一案「確率強化週間」

東大数学の過去問を見ると、ほぼほぼ毎年、確率の大問が出題されています。

そこで、一度集中して確率を勉強しようと、ある1週間の勉強時間をすべて確率だけに使うことにしました。受験前年の夏頃のことです。

名づけて「確率強化週間」！

強そうな名前です。

この週を越えたら私の確率解答力は飛躍的にアップするに違いない。

私は確率のスペシャリストになる！

名前をつけただけでもう気分が高まりました。

そのまま書店に行って、確率だけを扱った問題集を新しく購入しました。まっさらの、しかも「確率」に特化した問題集に取り組む方が「強化週間」っぽいからです。

「確率強化週間」といっても山にこもって確率を解いていたわけではなく、普段どおりに仕事も生活もしながらなので、1週間はあっという間に終わり、問題集の半分まで進めるのがやっとでした。

それでも、ともかくも確率にどっぷり浸《つ》かった週にはなりました。

翌週から「確率のスペシャリスト」になれたかというと、まあなれませんでしたが、確率に対する理解も好感度も、少なくとも前の週までに比べるとワンランクずつアップしたような気がしました。

ひとつの分野を短期間に集中的に勉強すると、少しずつゆっくり勉強していくよりも一気に力がつくことがあります。それは、英語の勉強をしていた時期にも、この「確率強化週間」でも実感しました。

このように、**たまに短期集中で固め打ち**すると、網羅的な勉強とのメリハリがついて刺激になり、自信も生まれます。

直前のチカラワザ「寸前記憶法」

暗記作業は好きではありませんが、勉強していて、やっぱりこれは覚えておいた方があとあと都合がいいだろうな、と感じることがあります。

なかなか記憶に定着しないものは、重要だと思える最低限の事項だけにしぼって、直前期にまとめて覚えました。最低限かつ直前にすることで、記憶をしてその記憶を保持しておく負荷をできるだけ減らしたのです。意味づけも語呂合わせもせず丸呑《の》みのようにゴリゴリと暗記したため、そこそこの負荷はかかりましたが、試験直後に忘れてしまってもかまわない、と短期間だけ頑張りました。

「直前期でも覚えたくない。どうせ覚えても忘れるし」というかたは、**試験のぎりぎり間際に覚える**手もあります。前日の夜や当日の朝にはじめて暗記をするのです。

試験会場ではたいてい、解答用紙や問題冊子が配られ始める前までは参考書やノートを見ることが許されています。試験開始直前のそのわずかな時間が、記憶する最後のチャンスです。

私は、その科目で絶対に知っておいた方がいい、でも正確に覚えられているかどうかあやしいといった事項を書いたメモを持ち込み、それを最後の1秒まで見て、脳の短期記憶に入れようとつとめました。

絶対に知っておいた方がいい事項というのは、たとえばセンター数学では、「3変数の因数分解公式」、「積分の面積公式」、「メネラウスの定理」などです。これらの公式や定理を知らなくても問題は解けますが、知っている方が圧倒的に解答時間を短縮できます（これらが使える問題が出たら、ですが）。時間がタイトなセンター数学で使わない手はありません。

「参考書などをしまってください」とアナウンスされるまでメモをガン見して、書いてあることを脳裏に刻みつけます。そこから試験開始までは短くて数十秒、長くても数分間。その間、ほかのことは考えずに、覚えたことを頭のなかで反復しまくって記憶から消えないようにします。

そして「解答はじめ」の合図があったらすぐに、なによりも**真っ先に、それらを問題冊子の余白に一気に書いてしまう**のです。

いまさっき覚えたことを頭で反復しまくってからすぐ書くので、ほとんど正確に書けます。書いてしまったらもう安心！　必要になれば試験中いつでも見られるのですから、もう頭から抜けても大丈夫です。

重要な事柄を紙に書いて試験に持ち込み、試験中にその紙を見たら不正行為になりますが、重要な事柄をいったん覚えて、試験が始まってから問題冊子の余白に書き留めることは、当然なんの問題もないわけです。

書き留めたことがその試験で使えるかどうかは問題を見なければわからないことですが（そして、結局使えなかったということも多々ありますが）、いざ必要になったらいつでも参照できると思うと安心して問題に取り組めます。

このように強引なまる覚えは、記憶からすぐに揮発してしまいます。試験開始直後に余白に書き留めてホッとした瞬間にもう忘れてしまうほどです。

でも、その試験中に使える状態になっていれば、頭のなかになくてもよいのです。

余白へのメモは、脳の外部記憶装置として機能します。

この寸前記憶法は自分にはとても役に立ちました。

CHAPTER

04

自分にあった学び方を見つける

SECTION 3

考えない勉強

「自分の頭で考える」？

受験勉強を始めた頃、勉強は「自分の頭で考える」ことが大切だとどこかで目にしました。問題がわからなくてもすぐに解答を見てはいけない、少なくとも15分は考えよう、と書いてありました。

「なるほど、そうか」と思って、そうしてみることにしました。数学の問題は、少なくとも15分考えるまでは解答を見ないぞ、と。

でも、**一定の前提知識がないと、考えようにも手も足も出ません**でした。どう解いていいのかわからず、方針すら立てられない場合、その15分は思考し続けた15分ではなくてぼーっとした15分になってしまっていました。

それでなくても限られた勉強時間です。ぼーっとした15分では意味がありません。数学を4問解こうとして、どれもわからなかったなら、ぼーっとした時間は合計1時間にもなってしまいます。

こんなことでは「今日は数学の勉強を1時間した」とは言えません。

ものは試しに、1、2分考えても解けそうにない問題はすぐ解答を読むことにすると、意外にも、15分悩んでから解答を見るより理解しやすい気がしました。

それからは、数学は最初の数分で**方針が立てられない場合はさっさと解答を読むこと**にして、理解につとめました。その方が短時間で多くの問題にあたることができて、頭のなかに数学の「見取り図」ができやすいように感じられました。

日本史では、「自分の頭で考える」なんてもっと無理でした。

そもそも前提の歴史的事実を知らない段階では、センター試験の選択式問題であろうと二次試験の記述式問題であろうと解けるわけがありません。まず問題文の意味すらもわからないのです。考えようにも考えるための材料がないのですから、自分の頭で考えるつもりで取り組んでも、時間だけが過ぎていくばかりで実質は勉強になりません。

それよりは、**問題文を読んだらすぐに解答や解説を読みもののように読む**方がずっと理解が進みました。

もちろん、じっくり考えることに時間をかけてもいいんです。でも、もし考えている〝と思っている〟時間が、実際にはぼーっとして脳が止まった時間になっているのなら、それは勉強時間としては無駄になってしまいます。

さくっと答えを読んだ方が時間を有効に使えます。

早く答えがわかる分、早く次に進めます。

答えをすぐ見るのは、単にひとつの勉強の方法なので、**ズルいことでも怠けていることでも全然ないんです**。自力で考えることにこだわりすぎず、適度なところで解答や解説を読んで理解につとめ、頭にインプットする方が効率的です。

私の受験勉強における最優先事項は、模範解答の内容や解く手順といった「情報」を頭に入れていくことでした。

日本史、地理、古文、漢文、地学については、問題と解答をひたすら読んで、「情報」をインプットしました。これらはほぼすべてが初学だったので、考えることに時間を使うのは非効率だと思ったのです。

ただ、数学だけは問題演習にある程度の時間をかけました。初見の問題の方針を立てることに慣れ、計算力を落とさないようにするためでした。

「自分の頭で考える」ことや「本当の理解ができている」ことは、勉強の理想像とされています。

たしかにそのとおりだと思います。でも、自分の頭で考えたり本当の理解ができたりするようになるのは、学力がある段階に達して以降のことです。

受験勉強では、自分の頭で考えることも理解することも、（理想ではあっても）**あとまわしでいい**と思うんです。

大学入試や多くの資格試験では、参考書やノートなどを見ながら解くことが許されていない以上、頭に入っていることしか答案には書けません。時間がタイトな試験の場合はなおさら、試験中にイチから頭を使って考えて答えを導き出すような時間の余裕は、きっとありません。そうなると、本番の試験では必然的に、すでに知っていることを書くか、すでに知っている知識や解法を使って解く作業がほとんどということになります。

そして、点がつくのは答案用紙に書けたことに対してのみです。

その受験生が試験中にどれだけ「自分の頭で考え」たか、どれだけ「本当の理解」をしているかはおそらく採点者にはわかりませんし、もしわかったとしても、それらが得点に直接反映されるわけではありません。合否に直接影響しないのです。

学問や研究をするならば、「自分の頭で考える」ことは必須ですが、受験勉強や資格試験の勉強においては多くの場面で不要です（勉強計画や戦略については、人それぞれ異なるので、自分で考えて立てていく必要がありますが）。

学問や研究と異なり、受験勉強や資格試験は合格すれば目標達成なのですから、できるだけ早期に、できるだけ負担なく合格することを目指すのがよいと思います。受験勉強自体をじっくり楽しみたいのだというかたは別として（私もちょっとそのタイプではあります）。

学ぶ苦労は合格したのちに味わいましょう！

SECTION 4

未来の自分を信じない

意志の力なんてない

人間は、と言うと主語が大きくていかんですね、私を含め多くの人は、なぜか自分の意志の力を過信しがちです。

なにかのタスクを、「あとでやればいいや」、「週末にまとめて一気に片付けよう」と思ってとりあえずその場では「やらない」ことを選択した場合、結局「あと」や「週末」になってもずるずるとやらないままで過ごしてしまうことは、私にはありがちです。あっ、主語が一人になってしまった。

とくに、平日の自分から見ると、**週末の自分は**（その週末に仕事や予定が入っていないときは）**時間にも体力にも余裕があるように思えたりします。**

「今週は忙しいけど金曜には全部終わって夜はゆっくり眠れるだろうし、きっと土日はいまよりずっと元気でやる気でゆったり」だから、「なにもいまこの忙しい平日の自分がやらなくても、週末のキラキラでピカピカな自分にやってもらう方がきっといい、きっと効率もいいし出来もいい、いいことずくめ！」などと思ってしまうのです。

でも。

実際、週末になると、急な用事が入ったり、遠くの親戚が訪ねて来たり、猫を拾ったり、キッチンの排水管が詰まったり、おなかが痛くなったりして、あとまわしにしたタスクに着手すらできないということがあります。

結局、おうおうにして、やろうと思ってあとまわしにしたことは、**やろうと思っていた未来に、やろうと思っていたような順調さではできない**のです。

「いまの自分」より「あとの自分」の方がバリバリ行動できると思う、その根拠はなんなのでしょう。

今日の自分より今週末の自分の方がやる気も体力もあって、状況も整っていて邪魔も入らなくて、だから「いまやらなくったって、週末のスーパー強い自分が全部片付けてくれる」！

そりゃそうなればベストですけど、おそらく実際にはなかなかそうはいきません。

いまや私は、**自分の意志の力に期待しない**ようになりました。

自分には意志の力はないと思っています。

現在の自分がもつ意志の力が未来の自分に受け継がれ、それが未来の自分の行動も決めていくのだとは、あとまわしにして結局やらないままになってしまうことがたびたびたびたびある自分には、とても言えないのです。

いまの私がたとえどれほど強い意志の力をもっていたとしても、未来の私がそれと同じ意志を同じ強さでもっているかどうかはわかりません。もっていないことの方が多いことは、経験からもわかります。なんならまったく別の意志を未来の私がもっていることだってよくあります。

だから、**「未来の自分」を信じない**のです。

「未来の自分」は自分ではないとすら思っています。

自分でない人のことは予測できませんし、その人の考えや行動をこちらでどうにかすることもできません。

意志の力だけでなく、自分を取り巻く状況や環境についても、現在の自分が想定するとおりの未来になると確実に言い切ることはできません。「あとでやろう」の「あと」がたとえ30分とか1時間後だとしても、その30分1時間の間に事情も状況も、体調だって変わりうるのです。

とくに社会人は、仕事にしても家族関係にしても、生活において突発事態が発生することはめずらしくありません。

「未来の自分を信じない」とは、そういう意味で、未来を当てにしないでいよう、ということなのです。

「未来の自分を信じない」というのは、けっしてネガティブな態度だとは思っていません。自分を否定しているのでも、自分を信じることを否定しているのでもなく、自分ではない人（未来の自分）の意志や行動やおかれた状況に対して、いまの自分から多くを想定したり期待したりしないでいようという意味です。

なにか計画を立てるときは、「未来の自分」といういま存在しない人のことや、「意志の力」という**実体のないものに頼らない仕組み**を作った方が、よりスムーズに確実に実行できます。

20代の頃、インタビューなどで何度か「10年後の自分は（別のインタビューでは「30年後」とか「50年後」とかもありました）どうなっていると思いますか」という質問を受けました。「10年／30年／50年後の自分は自分じゃない他人なのでわかりません」と当時の私は答えた記憶があります。質問を突っぱねたわけではなく、本当にわからないから答えられないと思ったのです。

いま思うと、なんとまあかわいげのない回答だなあ、質問してくださったかたや記事を読むファンのかたに対してもうちょっと丁寧に話をしなさいよ、と半分苦笑しかけますが、残り半分は、そのとおり、未来の自分は自分じゃないよね、と賛同する気持ちもあったりします。

逆に、過去の自分、10年前の自分を振り返ってみました。

10年前の自分は、いまの自分と比べると、人生で読んだ本や観た映画や知り合った人の数が少ないです。なにか行動したことも、見て聞いた物事も、身につけた知識も、人から学んだ考え方も、喜怒哀楽で感情を動かされたことも、思考を巡らせた時間も。

あたりまえですが、いまの自分よりも10年前の自分の方が、10年分経験値が低いのです。

その10年前の自分からすると、10年後の自分、つまり「いまの自分」がどうなっているのか（たとえば、大学に行ったとか、この本を書いているとか！）は想像できませんでした。なにか想像はできたとしても、その想像を多少なりとも超えた自分に、いまの自分はなっています。10年前の自分には、いまから10年後の自分という「ある意味で他人」のことを確実に見通すことはできません。

いまここにいる自分が10年前の自分の想像を超えていたのであれば、いまから10年後の自分もまた、いまの自分の想像を超えていくのかもしれない。

それは、十分ありうることだと思っています。

自分への手紙

英単語の「procrastinate（ぐずぐずする、先に延ばす）」という言葉に、どうにも愛着がもてるというか、親近感を覚えます。なんせ自分を表す言葉なので、はじめて出会ったときに一発で覚えて以来けっして忘れない単語です。

物事を先延ばしにしない方がよいとわかってはいても、ついついそうなってしまうことがありますよね（「よね」、というか私です）。やりたくなくてだらっと先延ばしにした場合でも、やる気はあっても余裕がなくてやむをえず先延ばしにした場合でも、実行されなければならないそのタスクを「未来の自分」や「意志の力」に託すのは、いま存在しない人や実体のないものに頼るということですから、結果の不確実性が上がってしまいます。

そうならないためには、先延ばしにしようと決めたいまの自分が、未来の自分のために、**未来において行動しやすいような準備やサポートをしておいてあげる**といいかもしれません。

あとで確実にしなければならないことを忘れないために、**自分で自分に手紙を残す**ことがあります。未来の自分は、いまの自分が覚えていること（の多く）を覚えていないだろうと、私にはもうわかっているからです。

どうして日常では「これくらいは覚えていられる」とつい自分を過信してしまうのでしょう。

なぜ自分だけは特別だ（忘れない！）と思えるんでしょう。いや忘れるんです。未来の自分はいまの自分ではないのですから。

忘れるのが普通だと思って、忘れることを前提に、忘れてしまっても大丈夫な安全策を用意しておく。それが「自分への手紙」です。近い先でも遠い先でも、未来の自分に宛てて現在の自分が書き残すものです。未来の自分が楽に思い出せるように、親切にしてあげるのです。

「人には親切に」の基本は「まず自分に親切に」です。

丁寧に引き継ごう

手紙といっても簡単なメモ書きみたいなもので、実際に紙に書かなくてもスマホやPCのメモを使うこともあります。

たとえば、あるタスクを40％達成しているという場合、未来（次にそのタスクをするとき）の自分にこのような指示を残します。

① タスクが完成した状態はこうなる（100％、つまり最終形のイメージを未来の自分と共有します）

② すでに40％（実際は数ではなくて具体的に書きます）までは完了していて、見直しは不要（時間を無駄にしないように、しなくてよいことを明示します）

③ 今日の作業を進める順序はこうこうこう（具体的に）、今日の作業のために用意しなければならないものはこれこれこれ（具体的に）

④ 完成したものをこうこうこうする（金曜日の17時までに誰それにメールでPDFを

送るなど、成果物の期限・納品先・納品手段)

メモを読むのがずっと先というわけではなくてたかだか数日後くらいだったりすると、自分宛てなのだからそんなに詳しく書かなくても覚えてるよ、大丈夫だよ、と思ってしまうかもしれません。

でも、省略して書いてしまうと、書いたときにはとてもよくわかっていたことが、数日後であっても、読んだときになんのことなのかわからなかったりすることがあります(私にはあるんです! で、困るんです!)。

ええっとどこまでやったっけ(どこから再開したらいいのかわからない)。

できてるところは完全にできてるんだっけ(とりあえず見直してみて時間をとられる)。

あれ、○○がないけどどうするんだっけ(作業を始めてから足りないものに気づく)。

それで結局どういう形になればいいんだっけ(最終形があやふやになっている)。

できたものをどうするんだっけ。ああ○○さんに送るんだったか。いつまでだったっけ、ファイル形式は……(確認するために過去のメールが詰まった受信ボックスの中身を検索してそれらしきメールを一通一通開いて読み直す)。
えっと、で、どこまでやったんだっけ(ふりだしに戻る。ここまでですでに30分経過)。

ほら。こんなことが起こりうるので、メモは簡潔すぎるとよくないのです。
未来の自分は他人だと思って、その**他人に対して指示を出すようなつもりで**います。誰が読んでも、現状とこれからすべきことがよくわかるように、誰がやっても、書かれているとおりに実行すればスムーズに(場合によっては機械的に)作業を継続できるように。

そう意識して、詳しめのメモを自分に残すようにしています。

「自分への手紙」は、会社などの組織内で前任者が後任者に渡す**「業務引継書」のイメージ**に近いかもしれません。前任者(いまの私)が、後任者(いまの私とは違う人間である未来の私)が円滑に仕事を引き継げるように、わかりやすい丁寧な書き方で、的確な内容の引継書を作ってあげるのです。

「これくらい書かなくてもわかるよね」と前任者が判断してはいけません。後任者がどのような人であってもわかってもらえるような内容のメモにすることで、引き継がれたあとの漏れやダブりを防ぐことができます。

SECTION 5

忘れる。しかしそれでいい

愛せる勉強

せっかく目標を定めて勉強を始めても、途中で「なんかつらいな」と思うことが、ときにはあるかもしれません。

自分で決めたことのはずだったのに、強いてさせられているような感じになってしまったり、そこまででなくても、やっていてどうも気分が落ちているなあと思ってしまったり。気分ばかりか進捗度《しんちょく》も落ちていることにも気づいたりして、そうなるとさらに気持ちが萎《な》えてしまったり。

大学受験、資格試験など、多くの場合は「合格」という目標を立てて勉強をしているわけですが、その目標を達成することに精神的に縛られて勉強自体が辛《つら》くなっているのだとしたら主客転倒のようです。

もしなにか追い詰められているように感じたなら、目標を達成するという信念からいったん距離をとってみてもいいと思います。その目標を忘れるわけではなく、ほんの少しの間でも、別の立ち位置から俯瞰《ふかん》して自分に問いかけてみるのです。

いましている努力は、自分が愛せる努力だろうか、と。

自分はワクワクして向かっているだろうか、と。

勉強というものは、「成果」、「リワード」、「役立つ」、「実益」のようなタイプの言葉が示す価値観の圏内だけでとらえられるものではなく、勉強しようという気持ち自体にも、そして、**楽しく勉強できた時間自体にも、また異なるタイプの価値がある**と私は考えています。

●プラトーは必要な「溜《た》め」の時期

勉強に限らず、スポーツや楽器などの練習における「停滞期、伸び悩み期」のことを「プラトー（plateau：高原・台地）」といいます。

勉強（練習）曲線が停滞して平らになった状態のことで、もとはフランス語の「盆・皿・平らな帽子」という意味です。要するに「平たいもの」を指すのですね。スペルの似ている「プレート（plate）」や「プラットフォーム（platform）」も平たいし関係ありそうです。「カモノハシ（platypus）」も、あの平べったいクチバシを見ると同じ語源だと思われます。

「こんなに勉強してるのにどうしてできないんだろう」と行き詰まったとき、自分はもうこれ以上伸びないのかもしれない、地頭が悪いからだ、才能がないからだ、歳だからだ、と思ってしまうとしんどいですよね。

でも、勉強していても伸びないと感じるのは、頭や才能や年齢が理由ではなく、**プラトー期に入っている**からなのかもしれません。そして、「自分でもう伸びないと感じている」ことは、「その人が事実としてもう伸びない」ことを意味しません。

学習の効果は、かけた時間に正比例してぐーんと直線的に伸びていくものではなく（ぐーんと伸びる時期もたしかにありますが）、成長→プラトー→さらなる成長→プラトー→またさらなる成長……のように、いくつもの台地（停滞期）を経て、けっこうぐずぐずと上がっていくものだったりします。

といっても、プラトーはスランプとは違います。スランプは凹《へこ》んでいるイメージですが、プラトーは台地、盛り上がった地形です。単なる停滞期ではなく、さらなる成長のために必要な「溜め」の時期なので、自分のなかでなにも起きていないわけではありません。**自覚がないだけで、じつは脳が、体が、次の成長のための準備をしているのです。**

だから、プラトー期にいるとしても、勉強方法が完全に間違っているとか実質ほとんど勉強していないとかでない限り、努力し続けていれば必ず次の成長がやってきます。

プラトー期が長いと（しんどい時期は、より長く感じるものですよね）、これ以上続けても無意味なんじゃないかと思って気持ちがくじけてしまうかもしれません。でも、**そこでやめると次の台地に、つまり成長に、出会えない**まま終わってしまいます。

長いプラトー期は、それがいつ終わるのかわからないのでなおさらしんどいのですが、長いということは、もしかしたら明日《あした》、明日でなくてもすぐそこに、プラトーを抜ける出口がやって来ているのかもしれないのです。

だとしたら、ここでやめてしまうのはとてももったいないと思います。私が横にいたらきっと「ちょっと待って待って」と呼び止めたくなるでしょう。せっかくここまで来ているのに、と。さらなる成長を遂げた自分に会いたくないですか、と。

「けろりと忘れてもいい」

勉強は、「役に立つ／有利になるもの」や「先につながる／つなげるためのもの」ではありますが、**そのような実用的なものに限られるわけではない**と思っています。

「そんなに勉強してなんの役に立つの？」

「英語を仕事につなげようと思ってる？」
「その歳で東大に行ってどうするの？」
と訊かれることがありますが、役立たせたりなにかにつなげたりすることを目的に勉強したのではなく、勉強したかったから勉強したので、実益の面から答えようとすると「えーっと」と考えてしまいます（結果として誰かのお役に立てるなら、それはうれしいことですが）。

太宰治《だざいおさむ》は、『正義と微笑』という小説のなかで、勉強について登場人物に次のように語らせています。

お互いに、これから、うんと勉強しよう。勉強というものは、いいものだ。代数や幾何の勉強が、学校を卒業してしまえば、もう何の役にも立たないものだと思っている人もあるようだが、大間違いだ。植物でも、動物でも、物理でも化学でも、時間のゆるす限り勉強して置かなければならん。日常の生活に直接役に立たないような勉強こそ、将来、君たちの人格を完成させるのだ。何も自分の知識を誇る必要はない。勉強して、それから、けろりと忘れてもいいんだ。覚えるということが大事なのではなくて、大事なのは、カルチベートされるということなんだ。カルチュアというのは、公式や単語をたくさん暗記している事でなくて、心を広く持つという事なんだ。つまり、愛するという事を知る事だ。学生時代に不勉強だった人は、社会に出てからも、かならずむごいエゴイストだ。学問なんて、覚えると同時に忘れてしまってもいいものなんだ。けれども、全部忘れてしまっても、その勉強の訓練の底に一つかみの砂金が残っているものだ。これだ。これが貴いのだ。勉強しなければいかん。そうして、その学問を、生活に無理に直接に役立てようとあせってはいかん。ゆったりと、真にカルチベートされた人間になれ！　これだけだ、俺の言いたいのは。

（太宰治「正義と微笑」／『パンドラの匣《はこ》』新潮文庫収録）

勉強したことを忘れてしまってもいい。
それでも、勉強した自分は勉強しなかった自分とは違う自分になっている。
その違いを、太宰は「**一つかみの砂金**」にたとえます。

勉強の意義は、知識を得ることでもなく、生活の役に立てることでもなく、「カルチベートされる」ことであり、「愛するという事を知る」ことだというのです。

そしてそれは、「**自分が変化する**」ことでもあるのです。

私の『チボー家の人々』

『チボー家の人々』という小説があります。

ロジェ・マルタン・デュ・ガールの長編小説で、邦訳が白水社から全13巻セットで刊行されています。

『チボー家の人々』の存在を知ってからそれをぜひ読みたいと思い、一気に全巻を購入したのは20年ほど前のことでした。入手できた喜びのなか、私は『チボー家の人々』への敬意を込めて、いつでも読めるようにとさっそく全集を書斎にある本棚1（自分にとって関心度の高い本を納めている本棚を順に1、2……とします）の一番よい位置、つまり目の高さに並べました。

以来、『チボー家の人々』全13巻は本棚1において大きな存在感を示すことになりました。本棚1の前を通ったときにはいつも『チボー家の人々』全13巻の背表紙が目に入るのです。

#4

Memorandum #4

この20年間、ほとんど毎日のように『チボー家の人々』を（背表紙を）見て生きてきました。ときどきは本棚1の前に立ち止まって、『チボー家の人々』全13巻のうち何冊かを手に取り（1巻と13巻を手に取ることがとくに多い）、読むわけではないけれどなんとなくぱらぱらめくってから元の位置に戻します。いまや私にとって、『チボー家の人々』は赤の他人とは言えないくらい近い存在になっているように思えるのです。「ちち『チボー家の人々』のことならなんでもわた私わたしに聞いて」、くらいの謎の勢いすらもっています。

ですが私はまだ、『チボー家の人々』を読んでいません。読み始めてさえいません（正確に言うと、冒頭の数行と第13巻末尾の「解説」は見たことがあります）。全巻購入して読まないまま、はや20年以上が経ちました。

でも、まだ『チボー家の人々』を読めてないな、読まなくては、せっかく買ったのにいつまでも読まないなんていかんな、もったいないな、買った意味ないな、などとは思わないのです。

ああ自分には『チボー家の人々』をこれから読むという楽しみがあるのだ。いつでも、ただ本棚の前に立てば『チボー家の人々』全巻をこの手に取ることができるのだ。

まだ機が熟していないと思えば、いつものように手に取ってまた本棚に戻してもいいし、よしいよいよと感じれば、いつでも読み始めることができるのだ。一気読みする楽しみも、ちびちび読み進める楽しみも、どちらでも、いやどちらも自分に残されている。

そんなことを思うだけでわくわくします。『チボー家の人々』を読む前に、すでに私は一定以上のわくわく感を『チボー家の人々』からもらっているのです。

『チボー家の人々』を読んでいない私が『チボー家の人々』について知っていることは、実のところ作者の名前と訳者の名前と出版社の名前と本の装丁くらいですが、私の主観では、『チボー家の人々』と自分との結びつきは昨日今日始まったものではない、長く尊く、情熱的な関係なのです。

『ブッデンブローク家の人々』や『楡《にれ》家の人びと』は読んでいても、映画の『天井桟敷の人々』や『偉大なるアンバーソン家の人々』は観ていても、『チボー家の人々』についてはどういうわけか、まだその「時」が訪れないようです。今日もきっと明日も、ああ『チボー家の人々』がここにあるなと思いながら、その背表紙を眺めながら、わくわくしながら、私は本棚1の前を通り過ぎることでしょう。

#4

Memorandum #4

いつか本当に『チボー家の人々』を読み始める日が来るのだろうか。それはぜったいに読みたいと思っていますし、読むのを楽しみにしてはいますが、同時に、ひとたび『チボー家の人々』を読み始めると失われていくであろう、「『チボー家の人々』をこれから読むことができる」というまっさらなわくわく感も、なんとなく残しておきたい気持ちがあるのです。

科目別の勉強法

CHAPTER

05

SECTION 1

英語

ラジオと漫画で培った基礎

この章では、大学受験科目を私がどのように勉強していったか、科目ごとのやり方をお話しさせてください。

英語の学習を始めたのは中学一年生の春、学校の授業からです。幼少時に英語教育を受けたこともなく、海外在住経験もなく、身近に英語話者もいませんでした。最初の章（59ページ）でお話ししたように、40代でボストンに3週間の「ぷち留学」をしたのが、人生はじめての留学経験です。

英語とは最初から相性がよかったようです。小学生の頃から海外の小説や映画に親しんできていたため、とくに北米やヨーロッパの文化に自然と親近感をもてていたからかもしれません。

中学一年生の4月から、NHKの「基礎英語」というラジオ番組を聴いていました。誰かに勧められたわけでもなく、たまたまそういう番組があると知って興味をもち、**ためしに数日だけでもと聴き始めた**のですが、おもしろくて結局一年間欠かさずに続けました。

当時は録音機器を持っていなかったので、毎夕、放送時間になるとラジオの前に座って（正直に言います。「寝・そ・べっ・て」）、ワンフレーズも聴き逃さないようにと集中して聴取していた記憶があります。

NHKラジオのほか、『ピーナッツ』（スヌーピーの漫画ですね）、『ビートル・ベイリー』、『アンディ・キャップ』などの英米の漫画を読んだりもしていました。ツル・コミック社から刊行されていたこの漫画シリーズは、日本語訳の横に元の英文が載っている対訳本でした。3作とも個性的なキャラクターと秀逸なセリフが満載で、夢中になって何度も読んだので、しまいには日本語訳も英文も覚えてしまいました。この時期に頭のなかに蓄えた単語やフレーズは相当な量があったように思います。

漫画を読むのは勉強とはいえないかもしれませんが、**私の英語力と日本語力は、間違いなくこれらの日英対訳漫画が源泉**でした。

ラジオ講座と漫画のおかげで英語がどんどん得意科目になり、じきに学校の授業ではものたりなくなりました（ごめんなさい授業と先生）。かといって、英語の「勉強」をしたいわけではなかったので、あいかわらず日英対訳の漫画を読み続けていました。

これ以降、私の英語学習は独習が主になります。

高校生になると、漫画のほかに、洋書のペーパーバックにも手を伸ばすようになりました。読書家で勉強家のおば（私が敬愛してやまないかたです）の本棚に何冊かのペーパーバックを見つけたことが、洋書への憧《あこが》れを刺激したのです。その頃読み始めた片岡義男さんや植草甚一《うえくさじんいち》さんのエッセイにアメリカのペーパーバックが（ときには写真つきで）たびたび登場していたことにも強く影響されました。

学校が休みの日は書店に行って、洋書の書棚の前に何時間も座り込み、ペーパーバックを眺めて過ごしました。片岡さんと植草さんが書かれていた東京の神保町《じんぼうちょう》にある洋書店に自分もいるような気分でした。

閉店間際まで慎重な吟味をした末に、ペーパーバックを1、2冊買いました（当時の洋書はいまよりずっと高かった）。完全に「ジャケ買い」でした。

買って帰ったペーパーバックは自分が読める英文のレベルをはるかに超えていて、まったく歯が立ちませんでしたが、そもそも私はペーパーバックを本気で読もうとして買ったわけではないのでしょう。タイトルに惹かれたとか、装丁が気に入ったとか、ただそういった理由で持っていたかったのだと思います。

ところどころひろい読みをするのがやっとでしたが、英語にふれるのは楽しいことでした。

翻訳で読んでいたミステリ、サスペンス、警察小説などの原書を買い、訳文と原文を比較しながら眺めたりもしていました。当時は未訳だったエド・マクベインの小説を自分で翻訳しようと思い立ってノートに訳し始めたこともありました（英語力および日本語力の不足により2ページで中断）。

私にとっての英語は、中学生の頃からずっと、勉強する科目というよりは遊び道具であり、強い興味と好奇心の対象でした。

英語の勉強、再始動

声帯の故障をきっかけに声と演技の勉強を始めたことは、最初の章でご覧いただいたとおりです。和書も洋書も、発声や演技に関係しそうな本を片っぱしから集めて読んでいました。ボイストレーニング、演技のメソッドの古典、身体の使い方についての本、スポーツにおけるメンタルトレーニングの本など。オーディオブックも活用しながら、英語を聴き、読む日が続きました。

もともと好きな英語です。

声の状態が回復して余裕がでてくると、もっと勉強したくなりました。

この際だから英語も基礎からやり直そう！

英語の勉強、再始動です。

〈ラジオ講座〉

中学一年生のときに聴いていた「基礎英語」が基礎力をつけてくれたので、今度もNHKラジオ講座をひとまずの主軸に、それと併行して**文法**の徹底と、**ネイティブスピーカーが書く／話す英文のインプット**を重点的にすることにしました。

英語のラジオ講座はレベル別にいくつも開講されています。全部聴きたかったのですがそういうわけにもいかず、「やさしいビジネス英語」（講師：杉田《すぎた》敏《さとし》先生）という番組を選びました。

ちなみに、「やさしい」というタイトルは人の誤認を誘うもので、レベルはぜんぜん「やさし」くなく、NHKラジオ英語で一番難易度の高い講座でした（その後「実践ビジネス英語」というタイトルに変更）。最初のうちはスキットのスピードについていけず、まったく聴き取れなかったのですが、しつこく何度も聴いているとだんだんと聴き慣れ、口にも出せるようになってきました。内容も興味深く、まったくあきることなく何年も聴き続けて、英語力が相当鍛えられました。

文法、リスニング、発音の教材にも取り組みました。

ネイティブスピーカーの英語にできるだけ近い英語を使えるようになりたくて、ラジオ講座以外では、**原則として「英語で英語を勉強」**しようと決めました。

〈文法〉

語学学習者にとって、文法力と、それを基礎とした構文把握力はなにをおいても重要です。わざわざ文法の勉強をしなくても自然に覚えることができるのは子どものときだけで（「自然に」といっても、言葉を覚える時期の子どもは頭のなかで猛勉強しています）、大人になってからの語学学習では、**最初の段階で徹底して文法を固めることが必須**だと考えています。

文法と構文を知るためにまず選んだのは、『英語構文詳解』という大学受験用の参考書です。これを何度か読んで、文法を知り、構文を正しく把握できるようになると、長い文章の読解が苦にならなくなりました。

次に、ネイティブスピーカーによって書かれたESL（English as a Second Language：英語以外を母語とする人たちのための英語）用の教材に移りました。

文法書はだんぜん*Grammar in Use*をお薦めします。英語で書かれた文法演習書です。（同じ内容で日本語版も出ています）。自然な例文が豊富に載っていて、重要な文法事項がきわめてわかりやすく説明されている最強の基本書です。

解答付き（with Answers）のものと解答なし（without Answers）のものがあります。独習の場合は解答付きバージョンを入手しないとお手上げになりますのでご注意を！

〈リスニング〉

AFN（American Forces Network）は米軍のテレビ・ラジオ放送です。日本でも地域によっては聴くことができます。

当時は、AFNの番組を通して聴いたり、短いアナウンスを収録したCD（『AFN最強の生英語リスニング――スポット・アナウンスメント』）を使ってディクテーション（スクリプトを見ないで繰り返し聴き、全文を書き取る訓練）をしていました。

すべて聴き取れるまで何度も繰り返し集中して聴くディクテーションは、リスニングだけでなく文法や発音の勉強にもなります。

いまはアプリやニュースサイトなどで英語を聴きながら画面にスクリプトを表示させることもできますね。**どこでも勉強できる時代になりました。**

外国のドラマを原音で観て聴くのもリスニングの訓練になります。

配信サービスがまだなかった頃は、Ｂｌｕ－ｒａｙかＤＶＤか、どちらも出ていない作品ならＶＨＳテープで入手していました。

英語字幕をオンにして観ると、映像の視覚情報に助けてもらえるので、聴き取れなくてもだいたいの内容は理解できます。

私がとくに好きなのは、『ペーパーチェイス』というテレビシリーズです。ハーバード・ロー・スクールを舞台にした、法律を学ぶ学生たちの青春ドラマです。

もし、いまの私が過去に戻ってこの頃の自分に会い、「未来のあなたは東大の法学部に入るんだよ」と言ったとしても、きっとまったく信じてくれないでしょうね……。

〈リーディング〉

リーディングは、「丁寧に読もう」とか「たくさん読もう」とはあまり意識せず、買い集めたペーパーバックや辞書をゆっくり読んだり、**オーディオブックを聴きながら原書を目で追ってみたり**していました。

ヘミングウェイ、スタインベック、マッカラーズといった、とくに好きな作家の作品は、邦訳を何度も読んでいたので、原書を読むときもわかりやすく思えました。先に翻訳版を読んでから、または翻訳版を並べて読むと、元の英語が難しくても読み進めやすくなります。

Penguin Readers や Oxford Bookworms などのリトールド（retold）版をオリジナル版の英文と比較対照しながら読むこともありました。**リトールド版とは、英語学習者のために、元の小説を少ない語彙《ごい》と平易な表現で書き直したもの**です。難易度に応じてレベル別になっていて、作品数も多いので、いつでも自分に合った本を選べます。

リトールド版と原文を比較して見ていくと、簡単な単語を使ってシンプルに表現する勉強にもなりました。同じ作品のリトールド版が複数の出版社から出ていることもあって、たとえば、エミリー・ブロンテの『嵐が丘』（*Wuthering Heights*）は4社からリトールド版が出ています。

原作と合わせてヒースクリフの情熱を5倍味わえますね。ん？

〈**作文**〉

北米やイギリスの出版社から出ている教材や、「NHKラジオ英会話」テキストなどの音声付きの英会話の本を使って、**自然な会話文のシャドーイング練習**（音声を聞きながら、すぐに後追いで聞いたとおりに復唱する練習法）をしました。繰り返すうちに、フレーズや文章がかたまりで頭のなかにストックされるようになり、気がつけば作文力の向上に劇的な効果がありました。

重要単語が短文の形でたくさん収録されている英単語集を何冊か買ってみたことがあります。効率よく大量に覚えられるようにという趣旨なのか、複数の重要単語を一文に盛りこんであって、英語としては不自然な文になっているものが散見されました。

単語を単語単体ではなく例文のなかで覚えていくというやり方は、たしかに効率的です。でも、その例文が英語として不自然だったり、ネイティブスピーカーが口にしないようなものであるなら、そのような「英語」を頭のなかにストックすることに、私は抵抗を感じます。

英作文ができるようになるために英作文の練習をする必要は、必ずしもありません。

英語で日記をつけると作文力アップに効果的だと言われていたりしますが、それは、たしかな英語力をもつ添削者（ネイティブスピーカーに限りません）に見てもらえる場合、または自身の英語力がある程度高い場合にのみ成り立つことだと思います。そうでない場合、間違った文章や不自然な言い回しを連ねた奇怪な「英文」を書いて、「英語が書けているつもり」になってしまうかもしれません。

英語として正しいかどうかもわからない文を自分の頭で作り出すと、英語の感覚を養うことからかえって遠ざかるように思うのです。

正しい文法で自然な英語を身につけたいので、英作文の練習はせず、本やドラマやインターネット上で**現実にネイティブスピーカーが使っている文章や言い回しを頭に蓄える**よう心がけています。ふだんから多くの文やフレーズをインプットしていると、単語や時制を入れ替えるだけで、ほとんどの英作文問題に対応できます。

受験の英作文問題は配点が大きいことが多いので、苦手であっても捨てるべきではありません。受験英作文は、的確な内容や優れた意見を書いているかではなく、正しい文法で英語を運用できているかどうかを評価されるものですので、日頃からインプットしてきたフレーズを入れ替え組み合わせてさっさと書き上げて、ほかの問題に時間を回した方がいいです。

ところで、東大英語で毎年出される段落整序問題、あれが私は大の苦手で大嫌いでした。考えて解いても間違えることが多いので、本番でも段落整序問題は完全に捨てて、その時間はほかの問題にあてると決めていました。

出題可能性が高い問題をあらかじめ捨ててかかるのはけっしてお勧めできることではありませんが、超苦手な問題や解くのに時間がかかる問題は、それを捨てても失点があまり大きくならないと見込めるのなら、**捨てる選択もアリ**だと思います。

CHAPTER

05

科目別の勉強法

SECTION 2

国語

受験科目としての国語

受験の国語（現代文）について、最初は対策が必要だとは思っていませんでした。そこそこ読書をしてきたので、とくに受験勉強をしなくても解けるのではないかとなんとなく考えていたのです。

ところがそれは大きな間違いでした。

過去問を解いてみると、センター試験の国語ではとくに評論文（センター国語第一問）の正答率がボロボロでした。すべてが記述問題になる二次試験の現代文も、自分の書いた答えは参考答案とは遠くかけ離れていて、良い点はとても付かなそうでした。

一方で、古典、とくに漢文は点を取りやすいと言われていました。

東大国語の配点の内訳は（公式には発表されていないようですが）、模試や予備校では現代文60点、古典60点（古文30点・漢文30点）だとされていました。そこで、現代文は30点、古典は40点取れればなんとかいけるのではと考えて、現代文については講習にも市販の問題集にも手を出さず、**過去問の確認に絞るのみ**にしました。

『大学入試センター試験過去問レビュー 国語』を使ってセンター現代文の過去問二十数年分を解き、解説を読み、二次試験の過去問も『東大の現代文25カ年』の問題文と解説を読みました（時間節約のため、解答を書いてみることはしませんでした）。

問題文に使われた作品や作者に興味をもち、受験対策とは関係なしに元の本を買って読んだものもありました。子どもの頃から小説ばかり読んできましたが、受験現代文で評論文に出会えたことで、読書の範囲も興味の幅も広がったのは思わぬおまけでした。

漢字対策で臨んだ現代文

合格体験記には、東大二次の現代文はほかの科目に比べて採点が厳しめで点が取りにくいと書かれていました。それが受験生の間での定説のようでした。となると、「本番で思ったよりも点が来た」のような幸運に期待することもできません（そもそも本番で「幸運に期待」してはいけません）。

センター国語はマーク式なのでなんとかそこそこの点を取れたとしても、東大二次の国語は、書いた解答を添削してもらったり書き方のアドバイスをもらったりできる環境にないと、読解力はともかく、独力で解答力をつけるのは難しく思えました。そういった指導をしてもらうために予備校で現代文の講習を受けることも考えたのですが、ほかに古文と漢文、社会2科目も勉強しなければならないので、現代文対策にそこまでの時間を割くのは現実的ではなさそうです。

あきらめて漢字の対策をしました。

センター試験にも東大国語にも、毎年かならず漢字問題が出題されます。難易度はそれほど高くなく、漢検の上級レベルで出されるような難しいものではありません。

漢字だったら全問正解を目指せる！

漢字ドリルを使い、そこに載っている漢字と（「上級編」的なパートは飛ばしました）、あわせて東大の過去問30年分の出題漢字をすべて確認しました。

センターも東大国語もこれで十分以上です。ドリルや過去問と同じ漢字が出題されるとは限りませんが、実際には同じ漢字が出たことは過去何度かありました。

東大二次の漢字は年度によって3～5問出題されます。漢字1問が何点なのかは不明ですが（「1点説」と「2点説」があります）、現代文の合計点60点のうちの3～5点（1点説）または6～10点（2点説）です。

これをわずかな点数と見るか、十分に大きいと見るかですが、受験では1点の差で（年度によっては小数点以下の点差で）合格不合格が分かれることを考えると、たとえ漢字の配点が低くても、取れる点は取っておきたいところです。

●座らずに勉強した古文・漢文

東大二次の古典は、マーク式と記述式という違いを除けば、難易度としてはセンター試験と同等のように思います。過去問を見ても、特段に難しい文章は出ていません。

でもそれはいまだから思えることで、勉強を始めたときは、古文も漢文も問題文の文章すら理解できませんでした。

二次試験の合計点は440点で、そのうち古典は60点分、約14％弱の比重です。受験勉強をしなかった英語（120点）を除外しても、合計点320点のうち、古典は60点分、約19％です。ゼロから始めるのである程度は時間をかけないといけないにしても、全受験科目のなかでの古典の配点割合を見ると、地理や歴史ほどには時間をかけられそうにありません。

そこで、古文と漢文については「すること」を最初に決めてしまって、ほかにはなにも手を出さず、それ以外の対策も考えないことにしました。

使ったのは、①基礎本、②問題集、③過去問集、です。

基礎本は、古文なら文法、漢文なら句形や漢字といった基本的事項がひととおり載っている参考書です。最初に『ステップアップノート30 古典文法基礎ドリル』や『句形演習 新・漢文の基本ノート』などを**さっと読み、その後は傍らに置いて辞書的に参照**します。

単語はわざわざ覚えようとはせず、問題文に出てきた単語をその都度確認しました。

問題集は『古文上達 基礎編』と『漢文道場』を使いました。この段階ではまだまだ解けないので、解こうとせずに問題文と解答と解説をひととおり読みました。

続いて、『大学入試センター試験過去問レビュー 国語』、『鉄緑会東大古典問題集』などの過去問に移りました。

過去問をまとめて読んでいくと、センター試験と二次試験の古典は、難易度が同等なばかりか、変な言い方ですが、作品のチョイスや問題文や設問から漂う「匂い」にも同質性を、共通する志向を感じます。

「東大は『源氏物語』が大好き」だと聞き、一度読んでおくのもよいかなと思いましたが、過去問集以外に手を出す余力はありませんでした。

結果的にはセンターと二次の過去問だけで十分でした。センター、二次ともに問題の質が良いので、勉強時間に余裕がなければ、一般的な問題集などに手を広げるよりは**過去問を繰り返す方が効果が高い**と思います。

さっと読み、ひととおり読み、すぐに次の本に移る。

急ぎ足の勉強でした。

全体的にも勉強時間がそれほどかけられないなかで、古文・漢文については書くことも机に向かうこともせず、スキマ時間を見つけて、立ったまま勉強することも少なくありませんでした。

古文・漢文はスキマ時間にだけ、というのは特殊なやり方ですが、少しでも勉強できた甲斐《かい》があってか、本番の試験では想定外にも古文と漢文の得点に助けられました。

捨てなくてよかった！

「読み上げ」教材を使うと

私が持っていた『古文単語FORMULA600』には「一流声優が感情を込めて読み上げるCD」が付属していました。

よく存じ上げている同業のかたがたが、私のために（ちがう！）、口々に古文単語を読み上げてくださるのは妙な感じでした。

うわああー。

なんだか気が散るのでCDは封印して本だけを使いましたが、これは私の問題であって、CDが悪いのではありません。

ちなみに私も学習アプリでナレーターをしています。

『一億人の英文法』、『一億人の英会話』、そして『英文法レベル別問題集』のレベル5とレベル6（いずれも東進ブックス）。

同業のどなたかがこれらを聴いて、「うわああー」となっていたりして。

●解く順番を決めておく

東大国語は、2000年に現行の形式となって以来、毎年の出題形式にほとんど変化がありません。文科の場合、現代文が2問、古文・漢文が各1問です。

本番での時間配分と解く順番をあらかじめ決めておいて、模試のときもその順に解いていました。漢文、古文、現代文の順に、点数を確実に取れそうなものを先に済ませるのです。

古典は、問題文の量も解答の記述量も現代文より少ないので、150分の試験時間のうち最初の60分を古文・漢文に、残りの90分を現代文に使う予定にしました。現代文と比べて古典の方が得点を期待できる分（古典の方が、解けたかどうかの感触と実際の点数とが、おそらくかけ離れないのです）、先に片付けておくと安心でした。

第四問（随筆や評論）は、第一問（評論）よりさらに問題の難度が高いことがあり、しかし配点は第一問の半分しかないので、第一問を先に仕上げて、残り時間に第四問を解きました。東大国語のなかで、第四問は限りなく「おまけ的」な問題だと認識していました。

CHAPTER

05

科目別の勉強法

SECTION 3

数学

数学への憧れ

数学への憧れはずっとありました。

高校一年生のときに買って以来、自室の本棚に置き続けている高木貞治《たかぎていじ》『解析概論』（岩波書店、1983年）という数学書は、その憧れの象徴です。

当時、繰り返し読み続けた畑正憲《はたまさのり》『ムツゴロウの青春期』（文藝春秋、1971年）に、ムツゴロウさんこと畑正憲さんが中高生時代に『解析概論』を使って数学を独学されたことが書かれていました。

ただ、その真似をして買ってみたのです。

この本には、若き日のムツゴロウさんが勉強やスポーツや恋愛にどう向き合っていらっしゃったかがつづられています。真剣で情熱的でチャーミングで、でもクールで合理的でストイックなそのお姿は、私の人格形成にすさまじく大きな影響を与えました。読み返すごとに、自分が少年期のムツゴロウさんにそのままなったように感じていました。

あれから数十年。

ムツゴロウさんに憧れて買ってはみたけれど、1ページも理解することができずに結局ただ持っているだけだった『解析概論』ですが、『ムツゴロウの青春期』を愛読した思い出とあいまって、いまも本棚を見るたびに私をうれしい気持ちにしてくれるのです。

社会人になってからも、ふと思い立って数学の問題集を買ってみることがありました。数学が得意なわけではないのですが、問題を解くのも、解けなくて（解けないことの方が多い）解答を読んでほうほうとつぶやいているのも、本を見ながら数式を書き写してみるのも、楽しいのです。

問題集を持ち歩いて（近年は電子書籍をiPadに入れて携帯しています）スタジオでの待ち時間などに解いていたら、「なにやってるの？（ニコニコ）」と笑顔でのぞきこんでくれた同僚が、数式を見た瞬間「なにやってるの!?（悲鳴）」と甲高い声になったりして、ちょっとおもしろかったです。

数学の勉強方針

受験において数学は「水もの」だと言われています。問題によって、本人の調子によって、またあるときは運によって点数が変動しやすいので、かなり得意な人でなければ点数を安定させるのは難しい科目です。

私の選択肢は、安定するほど得意になるまで数学を勉強するか、そこそこの勉強にとどめてほかの科目に時間を使うか、のどちらかでした。私の数学力は安心できるレベルに達していなかったので、ある程度は勉強時間を割く必要がありましたが、東大二次の文系数学の配点が440点中80点であることを考えると、配点120点である社会の勉強を優先させるべきでした。

そこで、数学については、「**得意にならなくていいけど基本的な問題は7割程度解けるレベル**」**を目指す**ことにして、時間を限り、問題数も絞って勉強することにしました。

1点でもどん欲に取りにいく！

私のプランは、本番で全問完答できるレベルに近づくことではなく、**完答ははなから1問も目指さず、部分点の合計でできるだけ点が取れればよし**、というものでした。

国語の試験で漢字問題を確実に取ろうとしたのと同様に、数学でも、取れる点は1点でも多く取りにいこうと考えました。

「第一問(1)、(2)、(3)」のように小問のある問題では、(1)が(2)への、(2)が(3)への誘導になっていることがあります。そのような場合、(1)はわりと解きやすかったりするので、とりあえず⑴を解き、⑵が手こずりそうであれば後回しにして「第二問⑴」を解く。そうやってすべての問題の小問⑴や⑵をまず確実に解いてその部分の点数を確保してから残り時間で残りの問題を解く、というやり方をしていました。

試験が始まると、**まずすべての問題にさっと目を通して**、どれが解けそうか、どういう方針で解けばよさそうか、どれを後回しにするか、どれがまったく無理そうかを判断します。そして、一番速く解けそうな問題から（第一問とは限りません）解き始めるのですが、一度全問を見ているので、最初の問題を解いている間にもほかの問題が頭の隅に残っています。

もちろん、同時に複数の問題を解くことは（私には）できないのですが、ひとつの問題を解いてから次の問題をはじめて見るよりも、これから解く問題が頭に入っている時間が少しでも長い方が、トータルの解答時間を短縮できる気がします。

二次試験の本番でも、解く問題と手をつけない問題とを最初に決めて、速く解けそうな小問から解きました。部分点狙いなので、**点数の最大化をつねに意識**しながら、書けることをできるだけ書いていきました。

冒頭にまず解答の「方針」を文章で書く！

↓きっとこれだけで部分点が1、2点もらえる！（はず）

数式だけを書き並べるのではなく、「次に」「これを変形すると」「なぜなら」「したがって」などの言葉を入れて数式同士の関連性を示す！

↓きっとここでも部分点が1、2点もらえる！（はず）

途中にもところどころ思考の過程を丁寧に書く！

↓もう部分点がとまらない!!（はず）

解答者（私）がなにをしているのかが採点者にわかりやすい答案になるように心がけました。本番で完答できたのは大問4問中1問だけでしたが、書けることは書こうとしたのが部分点として足しになったのか、手《て》応《ごた》えから予想していたよりも若干ですが高めの点が取れました。

東大の試験は、受験生を落とすための試験ではないという印象をもっています。減点法ではなく加点法で、なんとか点をくれようとしていると感じます。

とくに数学では、こちらが思っている以上に「寛容に」部分点をいただける感触でした。

◉問題セットで実戦演習

古文・漢文と同様に、数学の受験勉強も「すること」を最初に決めました。

①知っておくべき最低限の事項や公式を頭に入れるために基礎問題集を

②それらがどのように問題化されるのか、どのような解法パターンを使うのかを知るために一般的な問題集を

③本番でできる限り点数を最大化する練習のために過去問集を使いました。

基礎問題集は、受験生の間で定番となっている『チャート式基礎からの数学I+A』、『チャート式基礎からの数学II+B』を使いました。通称「青チャート」、「青チャ」です。

この「チャート式数学」シリーズは、易しい順に、「白チャート」、「黄チャート」、「青

チャート」、「赤チャート」とレベル分けされています。合格体験記で多くのかたが使用教材に挙げていた「青チャート」を、私も迷わず選びました。

「青チャート」2冊分の例題を解き、解説を読みました。例題だけでも相当な量があるので、ひととおり終えるのに何か月もかかりました。

数Bまで終えるとまた数Iに戻って、全体をもう一度繰り返しました。

次に、解説が詳しいと定評のある『文系数学の良問プラチカ 数学I・A・II・B』を使いました。

この本には、数I、A、II、Bの単元別に問題が収録されています。これを本番の試験っぽく解いてみようと思い、異なる単元から1問ずつランダムに4問選んで、問題セットをいくつも作りました（東大文系数学は4問なので）。そして、A4サイズの紙を4枚用意して、本番と同じように1セット100分で解いていきました。

このやり方は、試験時間の感覚を体に染みこませることができて、緊張感もあり、とても効果を感じました（※本試験の解答用紙はA3サイズ1枚両面で、各問A4見当で用紙を使う指定です)。

過去問に取りかかる時点で、もう11月。そろそろセンター試験対策も始めなければならない時期でした。

そこで、センター対策と併行して進められそうな、『東大数学で1点でも多く取る方法』を読むことにしました。この本も東大の過去問を扱っている問題集です。

時間がないため問題を解くことはせずに、スキマ時間に読み進めていきました。「ここに掲載されているレベルの問題が解けるようになる」ではなく、本のタイトルどおり「本番の試験で1点でも多く取るための答案の書き方を知る」ことを目的にして、読書をするように読みました。**解かずに読むだけでも十分に有用**でした。

CHAPTER

05

科目別の勉強法

声優、東大に行く

SECTION 4

社会

東大の社会科科目

まずは、ほかの科目と同様に、センター試験と二次試験それぞれの過去問集を購入しました。

教科書的な本はどれがいいのだろう、と合格体験記を読むと、多くのかたが**予備校の教材か高校の教科書を中心に勉強**されているようでしたが、外部の者が教材だけを入手できるものなのかわからなかったので、教科書をメインにすることにしました。

学校の教科書は、あまりふつうの書店には置かれていませんが、個人でも全国の教科書販売店で直接購入できるということで、調べてみると、よく行く収録スタジオのすぐ近くに1店ありました。長年通ったスタジオですが、そばに教科書販売店があるなんてはじめて知りました（まあ、知らなくて当然といえば当然）。

早速、スタジオの帰りに寄って、『詳説日本史B』、『新日本史B』、『日本史A』、『新詳地理B』などの教科書を買い揃えました。

教科書の通読にくじける

東大日本史では年代や人名や用語などを問うような一問一答式の問題は出されず、すべて記述問題です。

問題文には、どの受験生もそれまでに見たことがないような史料が掲載され、その内容や意味を文章で解答することが要求されます。初見の史料をその場で読み解く力を求められるので、細かい知識の暗記は必要とされていませんし、知識の暗記のみでは対応できません。各時代の事象や事件の背景、因果関係、意義などを理解したうえで歴史の流れをつかむことが肝要です。

と、いくつもの東大合格体験記に書いてありました。

ふむふむ、**まずは流れをつかむこと**だな。

教科書『詳説日本史B』を最初から読んでいくことにしました。

小説を読むように教科書を一、二度読めば「流れをつかむ」ことができて、東大日本史の問題は簡単に解けるようになる、と私は楽観的でした。

ところが、教科書は小説のようには楽しめませんでした。簡潔な文章をただ読んでいくのは苦痛で、読んでも読んでも「ふうん」という感じしかなく、これでは最後まで読み終わってもなにも頭に残らないように思えました。

少し戻っては読み、また少し先を読むことをしばらく続けました。日本史の流れをつかむまでにはほど遠く、ただ目で活字を追うばかりでした。

4月から読み始めて、8月の終わりになりました。私はまだ「弥生《やよい》時代」にいました。「第1部　原始・古代」―「第1章　日本文化のあけぼの」―「2．農耕社会の成立」のところです。

何度も読んだので、旧石器時代人の生活と縄文人の生活と弥生人の生活についてはさすがに詳しくなりました。このあとは邪馬台国の卑弥呼《ひみこ》が登場して、古墳時代となっていきますますちょっと待て。

こんなペースでは無理。終わらない。

私は教科書を通読することを断念しました。

やり方を変える必要がありました。

合格体験記に、東大日本史の過去問研究を徹底的にしたというかたがいらっしゃいました。まずは自力で解答を書き、それを過去問集の解答例と照らし合わせて添削し、解説や参考書を参照しながら、理解しておくべき要点をノートにまとめていったそうです。

これは過去問の理想的な勉強方法だと思います。

私も同じように日本史に取り組みたい気持ちはありました。でも、受験勉強に使える時間はあと6か月ほどしかありません。いまの自分の、日本史の知識がなにも身についていない段階では、考えながら自力で解答を書いたりノートにまとめたりする時間が惜しいと思えました。

そこで、書く時間は使わずに、**『東大の日本史25カ年』の解説と解答例をひたすら読む**ことにしました。とくに解答例の文章については、暗記をしようと努めたわけではありませんが、そのまま頭に入れるようにして、一冊を繰り返し読んでいきました。

筆記試験では、自分が答案に書いた文章のみが採点の対象となります。でも、その文章は、必ずしも自力で考え出した文章でなければならないというわけではありません。解答例の文章そのまま、または限りなく解答例に近いもの、あるいは解答例の文章の組み合わせでもよいのです。

極端に言えば、理解できているかどうかではなく、求められている内容が書けているかどうかで判断されます（採点者は、求められている内容が書けている答案を「理解できている受験生が書いたもの」だと推定するでしょう）。

理解が大事でないということではなく、理解できていることはもちろん理想の状態ですが、試験においてとにかく最重要なのは、答案になにを書けるかです。最終的に、求められている内容に近い文章を書ける状態に至っていることが試験においては必須です。その文章を自力で作れるようになる勉強をするか、そこは**解答例などを「拝**

借」することでショートカットしてほかに時間を使うか、という選択になるように思います。

最初は、問題を自力で解こうとしないで解答を読んでいく勉強なんて邪道なのでは、とちょっと後ろめたい気持ちがありました。試験は「理解しているから解ける」もので、だから「理解」が先、「解ける」が後だと思っていたんです。

でも、解答を読んで頭に入れていく勉強を続けるうちに、じつはその逆も正しいことがわかってきました。

「解ける」が先、「理解」は後からついてくる。

解けるからわかってくる。

最初はわからなくても、解けるように答えをインプットしていくと、自然と理解が深まってくるんです。

●東大日本史の特異な問題群

東大日本史は過去にいくつも特異な出題をしています。

１９８３年には「摂関政治と院政」をテーマに次のような問題が出されました。

次の文章は、数年前の東京大学入学試験における、日本史の設問の一部と、その際、受験生が書いた答案の一例である。当時、日本史を受験した多くのものが、これと同じような答案を提出したが、採点にあたっては、低い評点しか与えられなかった。なぜ低い評点しか与えられなかったかを考え（その理由は書く必要がない）、設問に対する新しい解答を１５０字（句読点も1字に数える）以内で記せ。

※ここにその「受験生が書いた答案の一例」が引用されています。

東大は、この「受験生が書いた答案の一例」は良くないと言っているのです。

そこを考えろ、と。

でも、私にはこれのどこが良くないのか、なぜ「低い評点しか与えられなかった」

のか見当もつきませんでした。

ひやっとしました。

過去問集の解答例を読んで、それを頭に入れたら、試験本番でそれらをなんとなく組み合わせたりして答案を書けるのではと思っていましたが、こんなに正面から本質的な理解を問われる問題を出されたらまったく太刀打ちできません。

東大は、誰かから与えられた（正しくないかもしれない）答えを鵜呑《うの》みにするのではなく、提示された史料や事実に向き合い、それらを分析し推論することで答えを導けるような、そんな態度を身につけてほしいと受験生に求めているのでしょう。

東大日本史の受験者の（合格者の、ではなく）平均点が毎年さほど高くないのは、このような、**東大が求める理想の学習態度を身につけている受験生がまだ多くはない**ということを意味しているのかもしれません。

東大が出す問題の多くは、教科書の本文に書かれているような基本的かつ重要な事項を答えさせるものなので、基本的な理解ができてさえいれば、あとはその場で与えられた史料や事実を使って答えを導き出せるはずです（そういう意味では、1983年の過去問もけっして上級者向けの問題ではなく、基本に忠実な問題だと言えるでしょう）。

でも、ただ「基本的な理解ができてさえいれば」答えられるというわけでもないのです。日本史に限らず、東大の入試問題は知識だけでは解けないようにできていて、与えられた文章、図表、史料などを読み取り、考え、**文章化することが求められます。**

国語でも英語でも地理・歴史でも（きっと数学でも）、東大の問題はいつも「なぜか」と「どういうことか」を考えさせ、それを文章で答えさせるのです（東大国語では文字どおり、「なぜか」、「どういうことか」と問われます）。

問題作成者の姿勢に呼応する

東大の先生がたは、どこか楽しんで問題を作っていらっしゃるように思えます。「受験生が苦しむような難しい問題を出してやろう。どうだ解けないだろうへっへっへっ」ではなく、「この問題おもしろいでしょう？　考えてごらん、きっと答えにたどり着けるから。ふふふっ」と、**私たちの解答を読むのを楽しみにしていらっしゃる**

ように感じられるのです。まあ、笑い方はともかく。
入試問題を作成される先生がたは東大の研究者でもあるので、その先生がご自身の研究において関心をおもちのトピックが入試問題に反映されることもあるかもしれない、と、ふと思ったりしました。

東大日本史の試験問題は、ほぼ例年、古代、中世、近世、近現代の大問4つから成っています。予備校で模試を受けていたときに、出題者は東大文学部日本史学研究室の先生がたを中心に、古代は佐藤信《さとうまこと》先生（現在は東京大学名誉教授）か大津透《おおつとおる》先生、近現代は野島《のじま》［加藤《かとう》］陽子《ようこ》先生か鈴木淳《すずきじゅん》先生、のように、各先生がご専門ごとに担当されている、と聞きました。日本史学研究室のウェブサイトを見ると、先生がたのお名前がたしかに載っています。
史料を提示して考えさせる出題が多いことから、学部・大学院の先生がたのみならず、久留島典子《くるしまのりこ》先生、本郷和人《ほんごうかずと》先生、本郷恵子《けいこ》先生といった、東京大学史料編纂《へんさん》所ご所属（当時）の先生がたも出題に関わられることがあるかもしれないと推測しました
（※実際、教科書の『新日本史B』は、大津透先生、藤田覚《ふじたさとる》先生、久留島典子先生らが執筆され

ており、東大日本史受験者にとって必読の教科書だと言われています）。

これらの先生がたが本当に入学試験の出題に関わられているのかどうかはわからないとしても、**東大に在籍されている先生がたの専門分野を、とくに近年の関心分野を知っておくとよいかもしれない**。

そう考えて、各先生のご著書や論文を読んでいくことにしました。

受験対策方法は、予備校や受験参考書という受験生のために用意された枠組みの外側にも見つけることができます。

出題に関わられていると推測される先生がたのご専門分野やご研究における関心事といった情報を調べてたどっていくのは、大人の受験生にとってはおそらくそれほど難しいことではありません。東大に在籍されている日本史研究者のかたがたの関心に沿って、著作や論文や史料集を集めてそれらを読み込むという勉強は、「東大日本史攻略法」として、（必須ではないにしても）なかなか妥当なものだったと思っています。

ただ、このような方法では、きっと時間も労力もオーバーワークになるでしょう。

かくいう私も、先生がたの著作や史料を集めに集めたものの、読む時間を十分に取ることができず、中途半端な理解のままで試験本番になってしまいました。

もっと読み込んでいればもう少し点が伸びる余地はあったかもしれませんが、得点はともかくとして、**先生がたの文献にふれることでその奥に広がる学問の気配を感じることができた**のは、受験勉強とはまた別種の、心はずむ体験になりました。

過去問をひたすら読む地理

合格体験記には「地理は勉強時間と得点が一致しないから対策はほどほどに」、「地理が得意だと得点が安定するのでほかの科目に時間を使える」などと書かれていましたが、最終的に東大の論述問題に答えられるようになるためにはどうすればよいのか、具体的な勉強方法のイメージがなかなかつかめませんでした。

書店の受験参考書コーナーを見ても、地理の本は日本史や世界史に比べてずいぶんと数が少なく、しかも、東大地理のような論述式の試験に向いていそうなものはさらに限られていました。

少なくともセンター地理の問題が理解できるようになれば、それが東大地理の基礎力にもなるだろう。そう思って、まずは『センター試験 地理Bの点数が面白いほどとれる本』という参考書を読んでみました。

二、三度繰り返して読み、なんとなくでも全体像が把握できたような気になったところで、東大二次の過去問集『東大の地理25カ年』に移りました。当然、まだまだ自力では解けないので、問題と解答をひたすら読んでいくだけです。

受験勉強していた時期、**過去問集は私には「読みもの」**でした。

教科書、地図帳、データブック（統計）は、適宜、過去問と併用しました。

東大日本史と同様に、東大地理も、知識があればただちに解けるという出題はあまりされていません。過去問の多くは、問題文や図表などの初見の資料から読み取れることと自分の知識を組み合わせて考えて、筋の通った答えを導き出すことを求めているようです。

解答を「2行以内で書きなさい」などと指定される問題もあります。答えるべきことがわかっていたとしても、余計なことを書いたりまわりくどい書き方をしていると指定の行数には収まらないので、問われていることに対して端的で簡潔に答える力が必要になります。

問題数も大量なので、破綻《はたん》のない文章をすばやく書いて次々と進めていかないと時間切れになってしまうおそれがあります。そういう意味で、東大地理については、過去問の解答例を読むだけでなく**「簡潔な解答を速く書く」訓練も必要**だと感じました。

とはいえ、速書きだとしても、書く訓練には時間がかかります。貴重な勉強時間をそこに費やしたくなかったので、書く代わりに、自分で考えた答えを口で言ってみるようにしました。破綻のない文章を口で言えるなら、そのまま書くことができます。

主に使用した参考書

英語

(1) 文法

『英語構文詳解』伊藤和夫（駿台文庫）

Grammar in Use Intermediate Student's Book with Answers and CD-ROM, Raymond Murphy, Cambridge University Press

(2) リスニング

『AFN最強の生英語リスニング――スポット・アナウンスメント』（アルク）

外国のテレビドラマやアニメ作品

(3) リーディング

愛好する作家の小説

Penguin Readers や Oxford Bookworms などの小説のリトールド版

(4) 作文

「NHKラジオ英会話」テキスト　マーシャ・クラッカワー（NHK出版）

国語

『大学入試センター試験過去問レビュー 国語』（河合出版）

『東大の現代文25カ年』（教学社）

『ステップアップノート30 古典文法基礎ドリル』井上摩梨他（河合出版）

『古文単語 FORMULA600』富井健二（ナガセ）

『句形演習　新・漢文の基本ノート』（日栄社）

『古文上達　基礎編』仲光雄（Z会）

『漢文道場』土屋裕（Z会）

Memorandum

#5

Memorandum #5

『鉄緑会東大古典問題集』（KADOKAWA）

数学

『チャート式基礎からの数学Ⅰ＋A』（数研出版）
『チャート式基礎からの数学Ⅱ＋B』（数研出版）
『ハッとめざめる確率』安田亨（東京出版）
『文系数学の良問プラチカ 数学Ⅰ・A・Ⅱ・B』鳥山昌純（河合出版）
『東大数学で1点でも多く取る方法 文系編』安田亨（東京出版）

日本史

『詳説日本史B』笹山晴生他（山川出版社）
『新日本史B』大津透他（山川出版社）
『日本史A』（東京書籍）
『大学入試センター試験過去問レビュー 日本史B』（河合出版）
『東大の日本史25カ年』（教学社）
『史料を読み解く〈1〉中世文書の流れ』久留島典子、五味文彦（山川出版社）
『史料を読み解く〈2〉近世の村と町』森下徹、吉田伸之（山川出版社）
『史料を読み解く〈3〉近世の政治と外交』藤田覚（山川出版社）
『史料を読み解く〈4〉幕末・維新の政治と社会』鈴木淳、松沢裕作、西川誠（山川出版社）

地理

『センター試験 地理Bの点数が面白いほどとれる本』瀬川聡（KADOKAWA）
『新詳地理B』木村靖二他（帝国書院）
『新詳高等地図』（帝国書院）
『大学入試センター試験過去問レビュー 地理B』（河合出版）
『東大の地理25カ年』（教学社）

※受験当時使用したものです。現在は改訂版や、ほかにも良い参考書が出ているかもしれません。

入試・合格・東大

CHAPTER

06

SECTION 1

社会人受験の実際

センター試験本番

センター試験当日の朝。

前日に降った大雪のせいで、受験した会場までの道が雪や泥でぬかるみになっていました。

滑りながら歩き、「あっいま『滑りながら歩き』と思ったな。ふっ不吉な。滑ってないぞ。気のせい。滑ってはない。ない」などとひとりごとを言いながら（いや頭のなかで）、会場に行った記憶があります。

センター試験の点数は**東大の足切りさえ免れればよい**ので、1、2科目くらいは失敗しても総合点ではきっとなんとかなる、と謎の楽観をして、プレッシャーはありませんでした。いちおう大人ですし、受験よりもおそろしいことは人生で何度か経験しているので、ここはプレッシャーを感じるところではありません。

それより、周りの現役生や高卒生たちと一緒にセンター試験を受けているということの状況が不思議で不思議で、試験中も合間の時間も、なんでいまここにいるんだろう、と思っていました。教室も廊下も映画や舞台のセットで、自分はそのシーンで「受験生」という役を演じている出演者のようにも感じられました。出願したのは私自身なのに、どうにも奇妙な感覚でした。

英語、数学Ⅰ・A、数学Ⅱ・B、国語、日本史、地理、地学。

2日間のセンター試験が終わりました。

手ごたえとして、国語の現代文と数学Ⅰ・Aで若干つまずいた自覚がありましたが、それは私だけではなかったようでした。実際、この年のセンター国語は「過去最難度」、数学Ⅰ・Aは「第3問がトラップ」と言われたほどで、両科目の平均点は前年度から大幅に下がったのです。

この数学I・A第3問の「トラップ」とは、ある線分の長さを序盤で求めさせられ、その後の設問はすべてその線分の長さをもとにして答えを導き出すというもので、もしその線分の長さを間違えてしまうと、その後の設問すべて、なんと27点分を失ってしまうというおそろしいものでした。

私はこの「トラップ」をなんとか回避できたので無難な点数が取れましたが、数学I・Aの試験直後に廊下で顔をおおってしゃがみこむ受験生の姿を何人も見て、彼らと私は同じ受験生ではあるのですが、自分の子どもだったらと思えて気の毒になりました。

入試は本番一発勝負。

大学が一回の筆記試験によって受験者の学力を測り、選抜する。

この方法は、公正で妥当なものだと思います。

でも、非情な面もあります。その日にたまたま体調が悪い人もいるでしょうし、平常心で臨めなくなるような出来事が直前に起きた人もいるかもしれません。たとえ心身頭脳ともに快調で受けたとしても、つい思い違いをして普段ならしないようなミスをしてしまうことだってありえます。

まだほかの科目が残っているのに数学の失敗がショックで泣き崩れていた受験生の姿は、いま思い出しても心が痛みます。

勉強どころではなくなった直前期

受験勉強をしていた時期は、仕事に向き合い勉強に向き合い、生活に自分なりの充実感がありました。それは、ここまでお話ししてきたとおりです。

一方で、じつはこの頃には大変に気がかりなことがあって、そのことがずっと私の心を占めていました。

私的な領域のことがらで、私以外の人にも関わることですので、詳しいことは書けません。でも、この時期の自分の心の状態が平穏とはほど遠いものであったということは、こうして受験のお話をするなかで、ふれておかなくてはいけないことのように思います。

センター試験が終わると、国公立大学の二次試験までは40日弱。受験生、とくに現役生にとって、この超直前期は最後の一日まで伸びる時期だと言われています。

私も、センター試験が終わったらいっそう集中して勉強し、二次試験の得点力を一気に高めようと考えていました。

ところが、秋の終わり頃から状況が変わり始めました。

12月、1月、2月。

私は深刻な事態のなかにいました。

その事態は、どうかそうならないでほしいと私が全力で祈っていた方向に進んでいきました。

センター試験の後は勉強をしていません。

それどころではなかったのです。

受験勉強のさなかに、しかも試験直前期に勉強どころではなくなる状況になるなど、以前なら想像もしていなかったことでした。でも、この時期の私には、受験も勉強も、仕事さえも、優先されるべきものではありませんでした。

そのようななかで二次試験を受験できたのは、ある友人のおかげでした。

私がすでに東大に願書を出していてセンター足切りも通過していることを知った友人が、**「試験を受けてほしい」と真心から言いにきてくれた**のです。

二次試験数日前のことでした。

二次試験を受ける

東大前期日程第二次学力試験一日目。

私の受験会場は東京大学駒場《こまば》キャンパス5号館の教室でした。

高揚もせず、焦りもせず、静かに席につきました。

問題に向き合って、解けるだけ解こう。

考えていたのは、ただそれだけでした。

いま起きているすべてのことに現実感がない一方で、センター試験の日のように、自分が受験生の役を演じているようにも思えました。

大量の問題を前にして時間切れで自爆しないように、解いていく順番と時間配分には気をつけました。それは、本番での戦術として、受験勉強をしていた時期に早くから決めていたことでした。

国語は漢文30分、古文30分、現代文ふたつを60分、30分見当で。

数学は全4問のうちで完答できそうな問題があればまずそれを仕上げ、その後は部分点確保のため、できそうなところをこまごま答案化し、それを時間いっぱいまで続ける。

私の斜め前方に座っていた受験生は、国語の試験の始まる前にも、国語と数学の間の休憩時間にも、英語のペーパーバックを読んでいました（なんの本なのか興味があったので、首と背を最大限に伸ばして覗《のぞ》こうと試みたのですが、タイトルを読み取ることはできませんでした）。

周りの受験生たちは、その多くが単語や公式の確認をしていましたが、ペーパーバックのその人は参考書もノートも出さず（参考書やノートを持ってきてもいないようでした）、合間にひたすら読書をしているのです。

ほかの受験生を牽制《けんせい》するために余裕ぶってわざと洋書を広げている、というのではなく、いま自分はこの本を読みたい、試験の後じゃなくていま読みたいのだからいま読んでいる、私にはそんなふうに見えました。本当のところはわかりませんが。

「こういう人が行くような大学なのかもしれないな、東大は」などと思いながら、その後ろ姿を見ていました。

二日目。

社会は日本史1時間、地理1時間半を目安に、日本史は大問4問を各15分以内に終えて地理に移る。地理は問題数が多いため、わからなかったり答案化に時間がかかりそうな問題は解答欄のスペースを空けながらひとまず飛ばして先に進み、すぐに解ける問題をひととおり答案に書いてから飛ばした問題に戻る。

英語は試験時間中盤に大問3のリスニング問題の放送が入るので、その前に大問5の長文読解、大問2の作文、大問4の文法問題を終わらせてから放送が始まるまでリスニング問題の下読みをしておく。リスニング後は大問4の和訳と大問1の要約を。大問1の段落整序は時間がかかるわりには配点が大きくないため最後に回す。

粛々と、ほとんど機械的に。

受かろうとも受かりたいとも受かるかもとも思わずに、あらかじめ決めた解答順と時間配分を守りながら、ただ解いていきました。

手ごたえは感じず、できたのかできなかったのかもよくわかりませんでした。

こんなふうでしたので、現実には、少なくとも私の現実には、試験本番のおもしろエピソードや番狂わせなどはありませんでした。

駒場東大前駅に直結している駒場キャンパスの正門前は、試験後も、受験生、保護者、予備校関係者でいっぱいでした。

大学受験予備校のパンフレットを配布しているかたがたがいましたが、大学受験を終えたばかりの受験生に大学受験予備校のパンフレットを笑顔で配るというのはどうなんだろう、と思いながら通り過ぎようとしたら私にも笑顔で配ってくださったのでちょっとうれしくなって受け取りました。

人の波にしたがって歩くと、すぐ駅の入り口です。

でも、このまま大勢の受験生と一緒に電車に乗るのは気分的になんとなくちがうように思えて、渋谷まで歩くことにしました。

改札口への階段を上らず、方向を変えて駅前の坂をゆっくりと降りながら、自分は来年また受験することになるのだろうか、受験できるだろうか、そもそも自分は来年も受験したいと思うのだろうか、とどこか他人事《ひとごと》のようにぼんやり考えていました。

私たちは仕事だけを、勉強だけを、なにかだけをしているわけではなく、人生を生きています。

仕事や住居や家族構成の変化といったライフイベントだけでなく、家事の分担、子どもの世話、家族の介護、自身の体調の変化なども生活に影響してきます。

自分や周りの人の事情が変わったり、不測の事態が発生したりもします。

すべて予想どおり、計画どおりにはいきません。

自分の時間を、能力を、気力を、体力を、お金を、情熱を、それらを振り向ける先を、いつも自分で決められるわけではないのですよね。

合格発表の日

本当なら私も受験生の一員らしく（?）、試験問題や書いた答案を反芻《はんすう》しながら合格発表の日をドキドキしながら待っていたのかもしれません。でも、私はこの時期にきわめて重要な事態に直面していたため、気持ちが受験から遠く離れてしまっていて、終わった試験のことを考えたりする余裕はありませんでした。

そもそも直前期にまったく勉強をしていなかったのです。受かるわけがない、と私は確信していました。

3月10日のお昼ごろ、東大本郷キャンパスの銀杏《いちょう》並木通りに立てられた掲示板に合格者番号が貼り出されます。

私は自分の「不合格」発表を見にわざわざキャンパスまで行く気はありませんでし

た。

どうぞ、貼ってください。私に構わずに。

午後をだいぶ過ぎて、「いちおう確認しておこうぞ不合格を」とため息まじりにわざわざ声に出してから東大のウェブサイトを見てみると、合格者番号の羅列のなかで不思議にあっさりと自分の番号が目に飛び込んできました。

うっそ。

予想外すぎて、一瞬、無表情になっていたと思います。

驚こうにもうまく驚けないほど驚きました。

感動とかうれしいとかではなく、おかしい、だって受かっているはずないじゃないか、と困惑しました。大学側の手違いかデータのエラーかで、本当は不合格だった私の受験番号が合格者として表示されてるんじゃないか？

大学がその間違いに気づく前に入学手続きを終えてしまえば、「あー手続きしちゃったんだ。じゃあしかたないね、お入り」などと入学が認められるかもしれない、とよからぬ考えがちらりと頭をよぎりましたが、ということは合格だったのに私と入れ替わって不合格にされたかたがいるということになるではないかとおそろしくなり、「あなたの合格は間違いでしたので取り消します」という大学からの電話を少しだけ待ったりしました。


夕方近くなりました。誰からも電話はかかってきませんでした。

やっぱり掲示板で確認したほうがいいんじゃないだろうか。

私はのそのそと、でも急いで本郷キャンパスに向かいました。

着いた頃には日が暮れかかっていて、掲示板の前には誰もいませんでした。

数時間前まではたくさんの人がここにひしめいて、笑い、泣き、写真を撮り動画を撮り、電話をしSNSをし、胴上げし胴上げされ、などが行われていたとは思えないほど、静かで厳かでひっそりとしたキャンパスでした。


掲示板に自分の番号はたしかに載っていましたが、それ以外には私の合格を積極的に確信させてくれるようなものはなにもなく、実感がもてないままにキャンパスを後にしました。

本郷通りを歩きながら母に電話すると、なんの冗談を言っているのだと相手にされませんでしたが、なぜかそこでやっと、「あ。じぶん合格した」と確信できました。

数週間後には入学手続、オリエンテーション、授業開始、と怒濤《どとう》の日々が始まったので、ますますもって合格を味わう間がないままに、私は東大生になりました。

SECTION 2

東大の授業

英語の授業と俳優の訓練

そこから卒業までの7年間、東大生として過ごした日々については、また別の機会にお話しできればと思います。

ここでは、学部1、2年生で通った駒場キャンパスの前期教養学部時代、学部3、4年生で通った本郷キャンパスの法学部時代それぞれにおいて、とくに思い出深いことを書かせてください（思い出深いことはほかにもたくさんたくさんあるのですが！）。

入試では文科一類〜三類、理科一類〜三類と科類が分けられていますが、一般入試での合格者は、学部1、2年の間は全科類全員が駒場キャンパスにある前期教養学部に所属します。

この前期教養課程では、科類によって定められている一定数の「必修科目」以外に、文理を問わず「選択科目」も履修することができるので、学生は自分の履修スケジュールをかなり自由に組むことができます。

1年生夏学期に取った選択科目に、竹内葵《たけうちあおい》先生の「中級英語」という授業がありました。視聴覚教室で、北米のニュース番組や映画・ドラマなどを素材にしてリスニング力を鍛え、かつ社会問題を学ぼうという内容の授業でした。

もともとニュース番組やドラマなどで英語を勉強していた私は、**「東大の授業でドラマが観られるなんて絶対に楽しい授業に決まってる！」**とばかりに速攻で履修を決めました。そして本当に、竹内先生の明るくポジティブなお人柄とご指導方法のおかげで、この中級英語のクラスは毎回とても雰囲気がよく、楽しかったのです。

授業では、リスニングの勉強以外に、ひとりずつ順番に英語でプレゼンテーション（以下「プレゼン」といいます）をすることになっていました。プレゼンのお題は自由に決めてよく、自分の好きなことや興味のあることを話せばよいということでした。

皆さん、「被災地で児童たちの先生をした体験」、「森鷗外《もりおうがい》の『高瀬舟《たかせぶね》』と安楽死についてて」、「東大躰道《たいどう》部の紹介」など、多岐にわたるトピックを英語で上手に紹介していました。


さて自分はなにを話せばいいだろう。

せっかくなら、学生にも先生にも興味をもっていただける内容にしたい。

声優であることは、東大では誰にも、卒業するまでは明かさないつもりでしたので、声優業やアニメについて話すわけにはいきません。

英語や受験勉強にもそこそこ時間を使ってきたので話せることはあれこれあるとはいえ、東大生相手に勉強系のお話をプレゼンするなんて、まさに「釈迦《しやか》に説法」です。

映画や文学やミステリやジャズや筋トレや腕時計や万年筆やボクシングも好きだけど、うんちくを傾けるほどのレベルではないし……。

これまでしてきたこと、興味をもってきたことの多くは声や演技のことなのだから、そんな自分が人に対してある程度語れることなんて、やっぱり声や演技にまつわる話しか思い浮かばない……。

考えた末に選んだのが、「**アレクサンダー・テクニーク**」でした。

アレクサンダー・テクニークとは、俳優や音楽家の身体の使い方を調整する技術で（47ページ）、私がかつて発声と演技のトレーニングを試行錯誤していた時代に出会ったものです。最初は、発声技術の向上に少しでも役立てばいいなと思って習い始めたアレクサンダー・テクニークでしたが、その理論や考え方がとても自分と相性がよく、知れば知るほど興味が深まり、長く続けることになりました。

日常で癖になってしまっている不要な身体の動きとそれに伴う心身の緊張を発見し、自然で自由な身体の使い方を取り戻せるように助けてくれるのがアレクサンダー・テクニークです。

プレゼンでは、最前列に座っていた学生にお願いして、床に落としたペンを拾ったり椅子から立ち上がったりする動きを実際にやってもらいながら、人がそういった動作をするときについ起こしてしまう筋肉の不要な緊張について解説しました。

たとえば、床に落とした物を拾い上げるとき、多くの大人は体を二つ折りにするように腰を曲げ、手を伸ばして拾うので、腰に負担がかかります。これに対して、幼児は全身でしゃがみこんで、ときには床にぺたんと座り込んで物を手にします。頭から動き、頭から目的物に近づく。それが自然な動きなのです。

椅子から立つときも、大人はおうおうにして膝《ひざ》や大腿《だいたい》部に力を入れたり、「よいしょ」とばかりに弾みをつけて立ったりしますが、そうではなく、頭から動くイメージでまず頭を前方に倒すと、足に力を入れなくても自然に立ち上がることができます。

猫や犬は頭から動きます。人間でも幼い頃は動物と似た動きをするのですが、成長するにつれて動きに不要な緊張が伴うようになりがちです。その不要な緊張を解放して、無駄のない身体の使い方ができるようになること、それによって発声や運動や楽器演奏などのパフォーマンスをより高めること、それがアレクサンダー・テクニークのねらいなのです。

パワーポイントのスライドを使い、自分でも動きながら英語で説明をしました。母語でならいくらでも説明を尽くせるはずの内容でも、すべて英語でとなると、組み立ても話の運び方も格段に難しくなります。

四苦八苦しながらのプレゼンでしたが、自分が何年も勉強してきた体験を紹介できたのは大きな喜びでした。

そして、さすが東大生。

あの場にいたほぼ全員がアレクサンダー・テクニークを知らなかったようでしたが、目の前で行われる**理論と実践との結びつきを、知的な好奇心と興奮をもって食い入るように見つめてくださいました。**

しかし、まさかこんなところ（東大）で自分のしてきた演技のトレーニングが役に立つとは、訓練していた当時は想像もしていなかったことでした（それを言うなら、そもそも東大に入るということが想像圏外だったのですが）。

学んだことがいつどこでなににどんな形でつながるか、本当にわからないものです。

●「本郷で待ってます」

東大では、進学振分け（通称「進振り」）という制度によって、学生は3年生から専門の学部・学科に所属します。文科一類は法学部、文科二類は経済学部、文科三類は文学部や教育学部、のように、科類により進学先をいちおうは設定されていますが、2年生までの成績次第で（かつ進学先の学部の受入れ条件が満たされていれば）、**自分が希望する学部に行くことが可能**です。

入学してからいろいろな科目を履修してみて、どの学部で専門の勉強をしたいかをゆっくり考える時間をもてるこの「進振り」は、優れた制度です。大学が学生それぞれの可能性を信じ、期待し、励ましてくれていると感じられます。

私が入試で文科一類を志望したのは、文二、文三と比べて文一は「進振り」の競争率が多少は楽だと聞いていたからです。

受験前は、文学部か後期教養学部に進学して英語や文学や演劇やアメリカ史を学ぶつもりでしたので、それなら志望を文三にとも思ったのですが、もしかしたら入学後に気が変わるかもしれないし、ほかに興味のある分野が見つかるかもしれません。建物を見るのが好きなので工学部建築学科に行きたくなるかもしれないし、数学に憧《あこが》れるあまり理学部数学科を目指すことだってないとはいえない。

未来の自分のことは未知数です。

入学時から進学先を決めてしまわないで、「進振り」の時期が来てから、そのときに気持ちが向く学部に進んでみよう。

このように、「進振り」での選択肢を多くもつために文一に入ったのですが、実際には「進振り」期間がくる前に、法学部に行こうと決めてしまいました。

そのきっかけは、1年生の冬学期に受けた中里実《なかざとみのる》先生（現・東京大学名誉教授）の「法II」という授業でした。法学部に進む（と想定されている）文一の学生たちの必修科目です。

中里先生の講義は、法学という学問を横断的に俯瞰《ふかん》で紹介してくださるものでした。ローマ法の時代から連綿と発展してきた法。現代の法実務にもローマ法が息づいている部分がある。たとえば……。

お話が少し難しくなると私にはちんぷんかんぷんではあったのですが、法学のおもしろさ、奥深さ、不思議さ、現実社会との関わり、歴史学との関連、法と貨幣と言語との共通点など、考え抜かれた講義の構成や熟練の話術によって、毎回、エンタメのステージを観ているような感覚で聴いていました。法学という学問の入口を見事に示してくださる、刺激的で魅力的で格調の高い講義でした。

先生に感想を直接お伝えしたくて、最終回の講義が終わったときに教壇に行ってご挨拶《あいさつ》したところ、「本郷で待ってます」とにこやかにおっしゃってくださいました。

「本郷で待ってます」

「本郷で待ってます」

「本郷で待ってます」

私は先生の威厳に圧倒されました。先生の背後に東大法学部がそびえ立っているように見えました。

「本郷で待ってます」

頭のなかがその言葉でいっぱいになり、軽いショックを受けたような茫然《ぼうぜん》とした気持ちで家に帰りました。

中里先生は東大法学部の教授なので、先生が「本郷で待ってます」とおっしゃったのは、「3年生になったら本郷キャンパスの法学部の講義でまた会いましょう」という意味だったのでしょうか。

私が文学部に行こうと思っていたことを先生がご存知なはずもなく、文一の学生だから普通に法学部に来るだろうと思っていらっしゃったのかもしれません。

私は法学部への進学を決めました。

「本郷で待ってます」

中里先生の、その一言でです。

法Ⅱは毎年、担当の先生が複数いらっしゃって、その顔ぶれも毎年変わるので、たまたまその年度に、たまたま私たちのクラスの担当が中里先生だったというのも、ひとつのめぐり合わせです。そのめぐり合わせのうえ、「本郷で待ってます」とじきじきにおっしゃっていただいたのです。

それもなにかの運命だと感じました。

法学はまったく未知の領域でした。法学部に行って学ぶ自分の姿を想像することができませんでした。法学に向いているのだろうかとか、法学部の勉強についていけるのだろうかとか、そんな不安が頭をよぎったような気がしましたが、「法学」という、これから自分がチャレンジできる大きな存在が立ち現れたことに、私は静かに興奮していました。

よし、その未知の領域に飛び込んでみよう。せっかく大学に入ったのだから！

勉強したから見えてくる

受験勉強をしていた頃は、当座の目標は合格することでした。でも、合格してその目標をクリアしたからといって、なにか大きな変化が自分に起こるわけではなく、「仕事のかたわらにできるだけ通学する」という次の目標がすぐに現れました。

さらに、「学期末試験で単位を取る」、「卒業要件をみたす」、「いったん休学して仕事のプロジェクトに専心する」、「〇〇年に卒業する」、と**次々に新しい目標が生まれ、**

それらに対して動いていく毎日でした。

大学合格が、自分が勉強していくひとつの出発点だったのと同様に、大学卒業も、自分がこの先も勉強していくための、あらたなひとつの出発点になる。

無事に東大法学部を卒業できたいま、そのように感じています。

合格や卒業は次のなにかに向けてのスタート地点や通過点であって、「ゴール」や「達成」とはちょっと意味がちがうように思えるのです。


大学受験勉強と大学での勉強。

私には、勉強してみてはじめてわかることがたくさんありました。

勉強したことで、もっと勉強したくなっていきました。

勉強したから、次になにをしたいかが見えてきたのです。

次にしたいことに向かうことで、また次にしたいことが見えてくるのです。

EPILOGUE

SECTION 1

つながってもつながらなくても

東大と仕事がつながる

大学4年生の頃です。

ある日、**東大から仕事の依頼がありました。**

東京大学大学院教育学研究科の研究室からで、全国の学校で使われる保健教育用アニメ教材のナレーションをお願いしたいという内容でした。

うつ病などの精神疾患の予防に向けた大変に公益性の高い教材で、東京大学と東京藝術《げいじゅつ》大学とのコラボ制作、そして医療者と教育者との共同制作でもあるという大がかりなプロジェクトです。それはもうぜひに、喜んでお引き受けしたい、とうれしく思いましたが、同時に疑問も浮かびました。

ナゼ知ッテイル。ワタシが東大ニ居ルコトヲ。

もしかしてキャンパスで見られていたのだろうか東京大学大学院教育学研究科研究室のかたに。昼休みに学友と芝生の上でランチを楽しんでいたところとか、体育の授業で踏み台昇降をした後にぐったりへばっていたところとかを。ああ、あそこに声優がいるな、などと。

東大生だということは（当時）公表していないし大学にも伝えていないのに、東京大学大学院教育学研究科研究室のかたにおかれては私が東大生であることはとっくにお見通しなのだろうか。私が在籍する東京大学法学部は私が声優であることを知らないのに、東京大学大学院教育学研究科研究室は知っている、などということがあるのだろうか。

いやまさか。さすがにそれは。

私は声優なので、各所から声の仕事のご依頼をいただくのは日常で普通のことです。

でも、たまたま自分が大学に在籍しているときに、たまたまその同じ大学から依頼がくるなんて、偶然としてもあまりにも偶然でした。

結局、本っ当に単なる偶然だったとわかったのですが。

収録の日、スタジオでお目にかかった研究室のかたがたに「あの。お話があります。じつは私、東大生でして。いま」と打ち明けたときの皆さんの驚いたお顔は忘れられません。

さらにびっくりなことに、その研究室の佐々木司《ささきつかさ》教授の講義を、私は大学一年生のときに受講していたのです。「現代社会を生きる心身の知恵」という講義で、このお仕事で私が収録するナレーションの内容は、佐々木先生の講義内容にとても近いものでした。

その講義をきっかけに子どもの精神医学に興味をもち、関連する文献を自分で探して読んでいたこともあって、**原稿の内容をよく理解してナレーションができました。**

収録が終わる頃にスタジオに駆けつけてくださった佐々木先生に、「じつは数年前に先生の授業を受けてたんです」とお話しすると、やはり大変驚いておられ、「いやあ誰が聴いてくれてるかわからないものですねえ授業って」と目をぱちぱちさせていらっしゃいました。私もうれしいようななぜか申し訳ないような気持ちで、やはり目をぱちぱちさせてお辞儀をしてしまいました。

余談です。このナレーションのなかで、私が演じた主人公「たすく先生」（名前の由来は「助ける」！）は、さわやかで優しく明るく正義感が強い若手精神科医という設定です。「ケンカをしない温かい性格の浦飯幽助《うらめしゆうすけ》でしょうか」とプロデューサーさんが説明してくださって「ああ……。大変よくわかりました！」と一瞬でイメージがもてました。

「知っているだけでいい」

「シグルイ」というテレビアニメのシリーズで、主人公のひとり、伊良子《いらこ》清玄《せいげん》というキャラクターを演じました。

その収録スタジオで、ある日、隣の席に座られていた大林隆介《おおばやしりゅうすけ》さんがふと私の方を向いておっしゃるのです。

「伊良子清白《せいはく》という詩人を知っているかい？」

「伊良子、せい、はくですか？　いえ知らないです……」はじめて聞く名前でした。

「来週貸してあげるよ」

大林さんは翌週、『孔雀船《くじやくぶね》』という詩集を私に持ってきてくださいました。

それは、明治から昭和に生きた詩人、伊良子清白（1877-1946）による唯一の詩集でした。

伊良子清白は、私が演じた伊良子清玄の名の由来なのでしょうか。

実際のところはわかりません。

『孔雀船』も、もちろんアニメとはまったく関係ありません。

それでも私は、伊良子清白という人を知ることができたことをうれしく思いました。

「こういうかたがいらっしゃったとは！　教えていただいてありがとうございます」

そう言って大林さんに本をお返しすると、「知ってるだけでいいんだよ」とおっしゃいました。

それは、役者としての言葉でした。

直接には役作りに活《い》かせないような、演技に関係ないと思うようなことであっても、役者にとっては「知っている」ことが大事なのです。

ただ、知っている。

知っているだけで、目に見えないなにかがその人の演技に加わる。

大林さんはそうおっしゃったのです。

SECTION 2

東大法学部で学んだこと

知識と経験が結晶化する

「さまざまな分野の知識と経験が一個の人格において結合し、クリスタライズ（crystalize：結晶化）する」

東大法学部在学当時、中里実教授（現・名誉教授）とお話ししていたときに先生がおっしゃった言葉です。

まさしく先生ご自身がこれを体現されておられるかたなのですが、お話を伺いながら、私もいつかそのようになれればと深く頷いていました。

中里先生のこのお言葉は、スティーブ・ジョブズの“Connect the dots”（98ページ）にも通じるものがあります。

さまざまな知識と経験が自分のなかでどのように結合するかは、そのときにはわからないことで、振り返ってみてはじめて点と点がつながったことがわかるのです。知識や経験は、えてして「役に立つ・立たない」という評価軸で語られやすいのかもしれませんが、それらが自己の人格のなかで結合し結晶化してなにかの形になることは、求めて得られる「成果」というよりは、普段から知識や経験に向き合ってきた人にいつか起こりうる「人格の状態」なのだろうと思います。

さまざまな分野の知識と経験が一個の人格において結合し、**結晶化する。**

東大から声の仕事の依頼をいただき、東大で学んだことやそれを契機に勉強したことがナレーション原稿の理解にも通じたという自分自身の経験からも、この言葉の意味がさらに腑《ふ》に落ちたように感じています。

学んだことにとらわれない

学校の勉強は大人になってから「役に立たない」という話を耳にすることがあります。そのやり玉によく挙げられるのが数学で、「因数分解や三角関数を習ったって実社会では使わない」と言われたりします。

でも、学校で習った個々の知識や考え方を社会に出てから使うか使わないかというのは個々人それぞれの結果なので一意に断定はできませんし、その個人の将来において**「使える知識」になるかどうかをあらかじめ知ることはきっと誰にもできません。**使わないと思っていても、実社会を生きる自分が気づかないところでその知識や考え方が役に立っているかもしれないし、別の人が学んだことの結果が、社会のなかでまわりまわって自分に恩恵を与えてくれるということだってあります。

役に立つか立たないか、使うか使わないか、といった観点だけでは学ぶことの意義は語れません。知識の蓄積やスキルの獲得は、たとえば試験に合格するための勉強には必要だったりして、学ぶことの意義の一部です。でも、知識の蓄積やスキルの獲得自体は、学ぶことの核心部分ではおそらくありません。

学ぶことは自分の選択肢を増やすことでもあります。

自分の選択肢がたくさんあれば、自分の可動域が広がります。より自由に考え、より自由に動くことができるのです。

学んだことを使う選択肢だけでなく、使わないという選択肢だってあります。それを自分で選べるのが、「自由」でいることだと思います。


東京大学の卒業式の日、私に卒業証書を手渡してくださったのは法学部の新田《にった》一郎《いちろう》先生でした。

「日本法制史」を教えておられる新田先生が、あるとき講義のなかでおっしゃった次のお言葉が、私には強く印象に残っています。


「歴史に学ぶ」というのは、理由や根拠を過去に求めるというのではなく、というかむしろ逆で、歴史について距離を置いて眺めることで、歴史にとらわれずに踏み出す構えを得るということであります。

学ぶ対象に「とらわれずに踏み出す構えを得る」。

深い言葉です。

私は勉強を始めたことで、もっと勉強したくなりました。

勉強していると、次に勉強したいことが出てきました。

勉強したいことは、勉強してはじめて見えてくるのです。

自分がなにを知らないのかを知り、自分が間違って理解していたことを知り、それらを学び直すこと。先生から、本から、人から、できごとから、新しいことを受けとめ、それらが自分のなかにすでに存在する知識や考えと次々に結びつき、今度はそれらを次々にほどき、手離していく。その繰り返し。

それが「勉強」だと思うのです。

そういう意味での**勉強は、大人であっても、いえ大人であるほどできる営為**だといえます。勉強は目的や到達点のある作業とは違って、「なんのために」も「これで完成」もない、おそらく終着点のない道のりです。

これからの自分もきっとその道のりをマイペースで歩いていくことになりますが、一方で、学んだことにとらわれず、こだわらず、そこから自由でいることもまた、大切にしていきたいと思っています。

恩師との対談

予想がつかないから「学ぶ」のは楽しい

SPECIAL TALK

中里　実（東京大学名誉教授）

佐々木望（東京大学法学部卒業生）

構成／生湯葉 シホ

恩師との対談

予想がつかないから「学ぶ」のは楽しい

「本郷で待ってます」。そのひと言で佐々木さんの東大法学部への進学を決定づけた恩師、中里実先生（現・東京大学名誉教授）をお招きして、ふたりの出会いから東大法学部での思い出、そして大人が「学ぶ」ことの意味について語り合っていただきました。

――このオーラのある学生はいったい何者だろう

佐々木　中里先生、きょうはありがとうございます。私がはじめて先生にお会いしたのが大学1年生のとき、2013年でしたから、もう9年前になるんですね。

中里　私は東大ではおもに法学部の3、4年生や大学院生に向けた授業を担当していたから、駒場（1、2年生が通うキャンパス）で授業をすることはあまりありませんでした。でもその年は10年ぶりくらいに、駒場に通う文一生の必修にあたる、法Ⅱという科目の担当になり、そのクラスに偶然、佐々木さんがいたわけです。

佐々木　はい。法Ⅱの授業は複数の先生が担当されていたので、私が中里先生のクラスになったのは本当に偶然でした。

中里　でも私は、初回の授業から佐々木さんのことが気になっていたのですよ。佐々木さんがおいくつで、どういうお仕事をされているかたかは一切知らなかったのですけれど、教室に入った瞬間、なんだか凄まじいオーラを放ってる人がいるなと思って……。

佐々木　お、オーラですか⁉

中里　すごくお若く見えるから、他の学生とそんなに年頃も変わらないと思ったんですよ。それなのに、落ち着き方があきらかに他の学生とは違うでしょう（笑）。すごく熱心に授業を聞いてくださっていましたしね。この人いったい何者なんだろうと、授業の最終回までずっと謎だったんです。

佐々木　先生のお話がとにかくおもしろかったんです。週一回の授業を毎回楽しみにしていました。法Ⅱは法学の入口にあたる授業ですが、法学の基礎からもう私には難解で、理解できないところがたくさんありました。でも、その難解さのなかに、難解さ自体に、おもしろさを感じたんです。法学という扉の向こうにどんな未知の世界が待っているんだろう、と。学生の興味を先へ先へとかき立ててくれるような授業でした。

中里　でもそのときはたしか、佐々木さんはまだ、3年生から法学部に進むかどうかは決められてなかったんですよね。

佐々木　はい、その頃は文学部か後期教養学部か工学部への進学を考えていました。授業がどれほど楽しかったかを直接お伝えしたくて、最終回の講義が終わったときに教壇に行ってご挨拶《あいさつ》したら、先生がにこやかにひと言、「本郷で待ってます」と……。もうそのひと言で、「はい」と（笑）。それが法学部に進学しようと決めた瞬間でした。

中里　長いあいだ大学で教えてきましたけれども、初回からそんなに印象に残る学生はあまりいませんから。学生の皆さんが将来どんなふうに育っていくかは未知ですから、教員としてはすこしでも、学生のモチベーションを刺激できたらいいと思って。誰かと出会って話し、何かを考えることで、人間は確実に変わっていくものですから。

私自身、高校生のときに留学先のホストファミリーに言ってもらった"You'll never be the same."という言葉をいまでも覚えているんです。あなたはここにやってきたことで、いままでとは違う自分になったのだから、と。「経路依存性」という言葉にも言い換えられると思うんですが、なにかが偶然起きることによって、その先の未来まで否応《いやおう》なく影響を受けるということは人生には多々あるんですよね。偶然出会うことで自分も相手も変わっていくおもしろさは、佐々木さんとの関係においては特に感じます。

――法学にうちのめされつつ、講義に食らいついた本郷での日々

佐々木　そのあと中里先生に再会したのは、本郷キャンパスでした。「本郷で待ってます」のお言葉どおり、法学部に進学して、先生が毎年開講されていた「租税法」の授業を聴講しました。

中里　租税法は法Ⅱと違って選択科目ですし、さまざまな課税逃れの高度な手法を明らかにするという、ちょっとマニアックな授業だったんですよね。履修している学生には、弁護士や財務省の官僚を目指すような人が多い。法学部はただでさえ必修科目の分量が多いから、疲れたでしょう。ものすごい負担だったんじゃないですか。

佐々木　ええ。法学部に入ってしばらくは、必修科目の難解さと量にとにかく圧倒されてしまって、選択科目まではとても手が回りませんでした。授業がまったく理解できず、勉強してもわかるようにならないという状態が４年生になっても続いていたんです。

中里　体力的に参っちゃいますよね。でも、佐々木さんが４年生になって授業を受けにきてくれたときは、すぐにわかりましたよ。

佐々木　じつは私、先生の租税法を3年分受講してるんです。正式に履修して試験を受けたのは最後の年度ですが、その前の2回も毎週聴講していました。当時は法学の難しさにすっかりうちのめされていて、こんなレベルではとても先生に顔向けできないと思っていました。でも講義を聴きたかったので、教室のうしろのほうでひっそりと聞いていたんですが、見つかってたんですね。

中里　佐々木さんは授業中の頷《うなず》き方ひとつとっても、深い思考をしているのが伝わってくる学生でしたからね。

佐々木　ありがとうございます。頷いていても、じつはちんぷんかんぷんなときもあったと思うんですけどね。お話をずっと聴いていたいと思わされるような魅力が先生の授業にはあったんです。「ちょっと横道にそれるけれど」とおっしゃったことも、全部メモをとってました。

中里　課税逃れとは「サモトラケのニケ」の彫刻のようなものだ、とかですね。決して顔が見えず、空中を浮遊している怪しさがあって、なおかつアートのように独創的……これが課税逃れだと（笑）。ウォール・ストリートの超一流の弁護士がどう課税逃れを考えているかを追い詰めるのが私の研究ですから、そんなふうに一見関係のないことを結びつけて話すことで、すこしでも学生に興味を持ってもらえたらと思っていました。

佐々木　こういう言い方は失礼かもしれませんが、先生の講義は、緻密に構成されたエンタメのショーのようでした。「意味のない『雑談』はない」とよくおっしゃっていたように、お話のひとつひとつはおもしろいだけでなく、教育的な効果を考え抜かれたうえで披露されているものだと感じました。「法学部の勉強についていけないかも……」と弱気になったときも、先生の講義に出るとまた楽しく勉強に向かう気になったりして、本当にいろいろな面で導いていただきました。だから、学期末試験では、それまでの感謝の気持ちを込めて答案を書いたんです。

中里 佐々木さんの試験の答案は、すばらしかったです。文章力に加えて説得力も群を抜いていた。「優上」という評価をつけたんですが、成績上位の数%、1年にふたりいるかいないかくらいの出来でした。あれを見て、佐々木さんは、得体の知れない問題に食らいついていくような根性があり、しかもそれをなんとかやり遂げてしまう知的腕力も持っている、稀有《けう》な学生だと感じました。

佐々木 ありがとうございます。恐縮です……。自分ではあまりよくできた気がしなかったので、優上をいただいて本当にびっくりしました。それ以来、先生とは講義の後などにときどきお話しさせていただくようになって、あるときランチに誘ってくださったんですよね。すごくうれしかったんですが、じつは心ぐるしくもあったんです。声優だということはお話ししていなかったので、先生から将来の進路のことなどを聞かれても歯切れの悪い返事しかできなくて……。

中里　佐々木さんはそのころまだ、大学の誰にもご自分のお仕事のことを明かしてなかったんですよね。

佐々木　ええ。ひとりの学生として普通に大学に通いたくて、卒業までは公表もしないし大学でも誰にも言わないと決めていました。卒業が決まった2020年の2月にようやく先生にお伝えしたんですが、じつは社会人で声優なんですとお話ししたら、すごく喜んでくださいましたよね。

中里　完成している人格を持った人だと感じていましたから、すでに活躍されている声優だと知ったときも、それ自体には驚かなかったんですよ。でも年齢を聞いたときはびっくりしました。50代とは思わないでしょう。

けど、大学はいろんな人がいるのがおもしろさですからね。考えてみたら東大法学部は、かつては三島由紀夫《み しま ゆ き お》も山田洋次《やまだ ようじ》も在籍していたところですから、まあ佐々木望がいてもおかしくないないなと（笑）。

――理想の自分を思い描き、その姿に近づいていく過程が書かれている

佐々木　先生はこの本の原稿も読んでくださったんですよね。ありがとうございます。

中里　さすがの文章力にも驚かされましたが、なにより感じたのは、自由設計の重要性です。佐々木さんの生き方は、その都度自分で自分の理想の姿をデザインしながら努力を重ねていくような生き方ですよね。最短ルートではないかもしれないけれど、試行錯誤しながら「こっちかな」と思った方向に進んでいく。
かつての大学の同僚であった竹内弘高《たけうちひろたか》先生というかたが昔、「自己規定が本質を決定する」とおっしゃっていたんですよ。「自分はこうだ」と思い込むことで、人間は実際にすこしずつその姿に近づいていく、と。この本にはまさに、佐々木さんがそうやってなにかに向かって努力していく姿が書かれていると感じました。

佐々木　「自己規定が本質を決定する」は中里先生も授業で何度かおっしゃっていました

ね。この言葉を最初に聞いたときにハッとしたことをよく覚えています。

中里　それはたぶん、佐々木さんの生き方そのものだからじゃないですか。佐々木さんのようなプロフェッショナルは、常に自分の理想に近づいていくための闘いを繰り返しているわけですよね。自分の能力の限界に挑み続けるのは本当につらいことだろうと思いますが、もっと努力して理想に近づきたいといつも思っているからこそ、佐々木さんは謙虚でもあるんでしょうね。そういう姿勢は、研究者にも通じるものがあると感じます。

佐々木　先生は、かつてはほかの法分野を専門にしようと思っていたとおっしゃっていましたよね。幼少期や学生時代の体験を授業でうかがって、先生ご自身にも、いろいろな偶然が重なった結果として租税法を専門に選ばれたという経路依存性があると感じました。

私は先生から「租税法」という法分野だけでなく、物事に対する向き合い方や柔軟性も教えていただきました。自分の、東京大学の学生としての態度は、先生が決定づけてくださったと感じています。

中里 いやいや、佐々木さんが本来持っていたものを自覚されたということに尽きると思いますよ。その過程で大学がひとつの触媒としての役割を果たした。学生が自分で自分のことに気づくための素材を提供できることこそが、教育機関の存在意義なのかもしれないですね。

――学びがある日とつぜん結晶化する、その予想のつかないおもしろさ

佐々木 先生はファイナンス理論をご専門に研究されてきて、近年はヨーロッパ中世史も対象とされるようになったんですよね。

中里 それは佐々木さんがさっき言ってくださったとおりで、幼少期のちょっとした思い出やこれまでの経験など、いくつかの断片が合わさってクリスタライズ（結晶化）した結果なんですが、まったく関係ないと思っていた断片と断片の関係性に

ある日とつぜん気づくのは快感ですよね。結晶化した結果なにが生まれるのかはまったく予想がつかないけれど、それこそが勉強のおもしろさじゃないですか。

佐々木 それをつくづく実感するできごとがありました。在学中に、偶然にも東大の教育学部からナレーションの依頼をいただいたんです。その内容は、たまたま学部の授業で学んでいたことや、以前に自分で興味を持って調べたりした知識との関連が強かったので、よく理解した上でナレーションをすることができました。声の仕事と大学での勉強とがとつぜん結びつくという、おもしろい経験でした。自分には、まだ結晶化していない断片もいろいろあるんだろうと思っているんです。

中里 まだお若いですからね。私の想像ですけど、佐々木さんの場合、語学じゃないかと思いますよ。英語はずっと勉強されてましたし、卒業してからもいろいろやっていましたよね？

佐々木 はい、語学は好きです。最近はラテン語を少し勉強しました。先生も、授業でよくギリシャ語やラテン語の言葉を紹介してくださいましたよね。そういえば、論文にも書かれていた「法」「言語」「貨幣」の共通点についてのお話がすごくおもしろかったです。

中里 法と言語と貨幣には、それをそれとして受け入れるという、人々の暗黙の合意があるからこそ機能するという共通点がある、という話ですね。これも、一見まったく関係ないものが結びつくことのおもしろさですよね。なんの役にも立たないけれどおもしろい。

佐々木 私も、法学と声の演技の共通点を考えてみたんですが、論理と言語だと気がつきました。法学が言葉を通じて論理を展開させていくものであるように、声の演技も、言葉を使って語り手の論理を表現するものなんです。

ところで、いま先生がおっしゃった「なんの役にも立たないけれどおもしろい」ということですが、学んだならそれをなにかの役に立たせるべきだ、という意見もありますよね。私自身も、40代で大学受験なんかしてどうするんだ、社会の役に立つつもりがないのなら若者に道を譲れ、と言われたことがあります。

中里　それはどうなんでしょう。学生時代に勉強したことがいますべて役に立っているかといったら、そんなことはないですからね。いろいろな人が大学にいて、お互いに影響し合って、いろいろな場所に旅立っていくという、そのこと自体に価値があると私は思いますけれどもね。それが直接役に立つ場合もあるし、役に立たない場合もある。

佐々木　大学という場所が開かれていて、そこにいる人々が多様であるということ自体が、社会にとってのなんらかの還元になるということでしょうか？

中里　ええ、そう思います。それに、佐々木さんが東大法学部を卒業されたがためにそれ以前の佐々木望とは違う存在になって、こういう本を書かれたということ自体が、ひとつの大きな価値だと私は思います。

佐々木　ありがとうございます。きょうこうして先生のお話をじっくりとうかがえて、「租税法」の授業が懐かしく思い出されてきました。これからもよろしくお願いいたします！

Special Talk

Minoru NAKAZATO × Nozomu SASAKI

中里　実

Minoru NAKAZATO

東京大学名誉教授、政府税制調査会会長。1954年埼玉県生まれ。78年東京大学法学部卒業、東京大学と一橋大学で法学部助手・助教授を経て、97年より東京大学大学院法学政治学研究科教授。経済学の手法も用い、租税法と国際課税を研究。2013年には佐々木望が在籍するクラスの講義を担当し、卒業後も交流が続いている。20年に東京大学を定年退職し、現在西村高等法務研究所理事・所長。

中里 実×佐々木 望

謝辞

2013年に東京大学文科一類に合格して大学生となった私は、声優の仕事を続けながら、ときに休学期間をはさみ、2020年に法学部第1類を卒業しました。東大生として過ごしたこの7年間のことは、サイト「佐々木望の東大Days～声優・佐々木望が東京大学で学んだ日々～」で詳しく語っています。こちらもご覧いただけるとうれしいです。

最後に、本書ができるまでにお力をくださったかたがたについて、記させてください。

田《た》村《むら》由《ゆ》美《み》さん。1980年代末に田村さんをはじめとした漫画家さんの原画展でナレーションをつとめて以来、アニメ『BASARA』の浅葱《あさぎ》、『7SEEDS』の新巻《あらまき》など、田村さん作品でキーパーソンとなる役を演じさせていただきました。公私ともに格別な交流のあるかたで、エンタメ、芸術、人生どれにおいても、田村さんとの対話では日頃から多くの刺激を与えられ、感銘を受けています。本書でも、執筆の進み具合をいつも気にかけていただき、草稿に対してこまやかな感想や助言を、そしてあたたかい激励をくださいました。

永野護《ながのまもる》さん。本書のカバーイラストを描いてくださいました。永野さん監督・脚本の映画『花《はな》の詩女《うため》　ゴティックメード』で私は皇子トリハロンを演じさせていただいておりますが、それ以前から長くお世話になってきました。たしか１９９０年代のなかば頃、ある冊子のなかで永野さんは私のことを「文系の青い炎」と形容してくださったことがありました。後に自分が本当に「文系」に入学することになるなど当時の私は夢想だにしませんでしたが、「文系の青い炎」という言葉はずっと記憶に残っていました。あの頃、永野さんは私のなかになにを見てくださっていたのかな、と感慨を覚えます。

荒川美奈子《あらかわみなこ》さん。富沢美智恵《とみざわみちえ》さん。川村万梨阿《かわむらまりあ》さん。声優の先輩がたです。私が新人の頃から長きにわたり親しくさせていただき、また、心からの信頼を寄せている大切な友人たちです。受験直前の時期に私たちがともに経験することになった大きな出来事のなかで、荒川さん、富沢さん、川村さんからは言葉に言い尽くせないほど助けていただきました。お三方のやさしさと強さに支えていただかなければ、私があの年に大学を受験することはきっとできなかったでしょう。

本多知恵子《ほんだちえこ》さん。ご自身もいずれは大学で哲学や心理学を学びたいとおっしゃっていた知恵子さん。私の東大受験を自分のことのように楽しみにしてくださっていました。深夜のカフェで、私たちはよく一緒に勉強していました。私は受験勉強を、知恵子さんは英語やスウェーデン語を。いまもその店の前を通りかかると、ウィンドウ越しに私たちふたりの姿が見えるような気がするのです。

東大で、私はふたり分学んでいるつもりでした。私の目を、体を介して、一緒に授業を受けていました。この学生生活を私が存分に楽しんだように、きっと知恵子さんも存分に楽しんでくださっていたと思っています。

KADOKAWAの編集者、原孝寿《はらたかとし》さんと藏本淳《くらもとあつし》さん。「佐々木望の東大Days」をウェブサイトに公開してすぐに原さんからご連絡をいただき、本書の企画は動き出しました。この本を「私自身が読んでみたいんです」と言ってくださった原さん。東大法学部での授業の思い出を共通に語り合うことのできた藏本さん。三人で頻繁に打ち合わせを重ねて本の方向性を探っていきました。おふたりから多くのヒントやアドバイスをいただいて、草稿を書き上げることができました。

次に編集を担当してくださった廣瀬《ひろせ》暁春《あきはる》さん。執筆経験のほとんどない私を、赤子の手をとってゆっくりゆっくりと歩かせるように辛抱づよくサポートしてくださいました。原稿の細部にわたり、廣瀬さんの丁寧で的確なフィードバックをいただきながら、ときには「もと東大生」同士で議論をしながら少しずつ書き進め、その一歩ずつの〝ベイビー・ステップ〟がようやくこうしてひとつの形になりました。

右のかたがたに心からの感謝を申し上げます。

そして、お読みいただいたみなさま。
本書を楽しんでいただけましたら、このうえないよろこびです。
ありがとうございました！

2023年1月

佐々木　望

PROFILE

佐々木　望　Nozomu SASAKI

声優。『幽☆遊☆白書』浦飯幽助、『AKIRA』鉄雄、『銀河英雄伝説』ユリアン、『機動戦士ガンダム 逆襲のシャア』ハサウェイ、『MONSTER』ヨハン、『花の詩女 ゴティックメード』トリハロン、吹替『ビバリーヒルズ青春白書』デビッドなど多くの作品で主要キャラクターを担当。英検1級、全国通訳案内士資格を持つ。仕事をしながら独学で東京大学文科一類を目指し、2013年に合格。休学期間を挟みつつ声優業と学業を両立し、2020年に東京大学法学部を成績優秀者として卒業。

COLOPHON

声優《せいゆう》、東大《とうだい》に行《い》く

仕事《しごと》をしながら独学《どくがく》で合格《ごうかく》した2年間《ねんかん》の勉強術《べんきょうじゅつ》

2023年3月1日　初版発行
2024年2月25日　再版発行

著者／佐々木《ささき》　望《のぞむ》
発行者／山下　直久
発行／株式会社KADOKAWA
〒102-8177　東京都千代田区富士見2-13-3
電話　0570-002-301（ナビダイヤル）
印刷・製本／大日本印刷株式会社

お問い合わせ
https://www.kadokawa.co.jp/（「お問い合わせ」へお進みください）
※内容によっては、お答えできない場合があります。
※サポートは日本国内のみとさせていただきます。
※ Japanese text only

定価はカバーに表示してあります。

ISBN 978-4-04-110939-7　C0095